Falar sobre corpo, saúde e es [...] micos é divina providência. O texto de Karen [...] você tem em mãos é *kairótico*: acontece numa fração singular do tempo em que o eterno encontra lugar no histórico, abrindo um horizonte de possibilidades de manifestações da graça de Deus. Escrito na mais pura tradição da teologia contextual, associa reflexão acadêmica com atuação profissional, transita entre o mercado de trabalho na área da saúde pública e a prática ministerial na comunidade cristã — é teologia na práxis da missão e da vocação. Com alegria celebro e recomendo não apenas o texto, mas especialmente a autora e sua vida piedosa e inspirativa que admiro há muitos anos.

ED RENÉ KIVITZ
Teólogo, escritor e pastor da Igreja Batista
de Água Branca (IBAB), em São Paulo

O trabalho de Karen Bomilcar na área da saúde resulta de uma fé cristã profunda e integradora. Por meio de seus estudos e prática clínica, ela está ciente da beleza e da fragmentação da realidade humana, e das complexas e misteriosas relações entre corpo, mente e espírito que caracterizam a todos nós. A cura, para ela, nunca pode ser entendida em termos puramente técnicos ou científicos; antes, está intimamente ligada à totalidade e ao bem-estar físico, mental, relacional e espiritual. Sua abordagem tem raízes profundas nas Escrituras e na tradição cristã, e foi uma grande alegria testemunhar pessoalmente seu desenvolvimento de pensamento sobre isso e a maneira criativa com a qual o vem colocando em prática. É uma visão holística e convincente para a vida no mundo de Deus, e estou muito feliz em recomendar este trabalho.

DR. IWAN RUSSELL-JONES
Professor de Teologia, Artes e Cultura no Regent College, Canadá

Fundamentada numa ampla pesquisa bibliográfica e em sua própria experiência, Karen vai tecendo uma rede de interconexões que contribuem para dar coerência e consistência à missão da igreja de promover restauração individual e comunitária, de forma a atender às carências e aos questionamentos de uma sociedade fragmentada e doente. Ela parte de uma análise realista do contexto social e das falhas da igreja para sugerir caminhos de crescimento e superação. Como cuidadora, consciente de sua vocação, Karen nos convida a sermos agentes de transformação e reconciliação a partir da ética da esperança que acolhe a fragilidade e o sofrimento e que lida com os sinais de morte sob a ótica da ressurreição. Que esta profunda e abrangente reflexão nos ajude a diminuir o abismo entre o que proclamamos e o que vivemos.

ISABELLE LUDOVICO
Economista e psicóloga clínica, com especialização
em terapia familiar sistêmica

"E viu Deus que era muito bom." É assim que a Bíblia expressa a beleza da criação, particularmente a criação do homem e da mulher. Infelizmente, ainda somos muito influenciados pelo pensamento grego que separa matéria do espírito, o corpo da alma. Neste livro, Karen resgata a rica contribuição cristã que afirma a dignidade do corpo, e nos ajuda a compreender que o propósito da espiritualidade cristã é nos apresentar integralmente a Deus — este é o verdadeiro culto.

RICARDO BARBOSA DE SOUSA
Pastor da Igreja Presbiteriana do Planalto, em Brasília, e diretor do
Centro Cristão de Estudos (CCE)

Karen é uma escritora que vale a pena ler. Sua trajetória é de dedicação e compromisso com o reino de Deus para esta geração, com uma base sólida, cujos frutos vão se expandindo. Ela cuida de gente há anos, atuando mediante o conhecimento psicológico e teológico, com um coração pastoral e uma sensibilidade que lhe é peculiar. Uma mulher que vai amadurecendo e fazendo bem a nós, o Corpo de Cristo. Ela traz agora um tema extremamente pertinente para nosso tempo. É uma alegria recomendar esta leitura. Não tenho dúvida de que trará boas inquietações em aspectos que são muitas vezes negligenciados ou, no mínimo, pouco explorados. Siga em frente neste rumo, pois lhe fará bem.

TAÍS MACHADO
Psicóloga clínica e pastora em São Paulo

Muitas vezes, falar de cuidado holístico leva a medicina e a psicoterapia a apelarem para as religiões orientais. Por mais perspicazes que possam ser, esses *insights* podem apenas antecipar a história da revelação final de Deus na encarnação do Filho de Deus, Jesus Cristo. Karen fundamentou sua abordagem de saúde e cura em três grandes conceitos bíblicos que estão no cerne da fé cristã e da antropologia teológica: a imagem de Deus na humanidade, a encarnação de Jesus e a comunidade cristã. Recomendo sua refrescante abordagem integrativa. Este livro enriquecerá a todos os cristãos, especialmente aqueles que desejam promover cuidados.

DR. W. ROSS HASTINGS
Professor de Teologia Pastoral no Regent College, Canadá

O ativismo cristão, embora bem-intencionado, no afã de cumprir com a missão não raro se esquece de dimensões importantes. A exemplo da pessoa que corre para o aeroporto, mas deixa as malas em casa, ele se encontra disposto, mas despreparado. Nossa humanidade não é contrária à nossa vocação, contudo não se tem dado a ela a devida importância. O presente livro nos ajuda a cobrir esta lacuna, colocando em perspectiva a dimensão de nossa humanidade, em nossa experiência de obediência cristã. Karen Bomilcar nos ajuda a superar dicotomias, propõe uma revisão em nossa ordem de prioridade, nos instrui sobre o lugar da comunidade na promoção da saúde e, sem diminuir nosso entusiasmo, nos lembra de não "esquecer as malas", alertando-nos para o que é fundamental. Estou convencido de que o livro terá um ministério longo e profundo entre nós, mas minha maior alegria resulta do privilégio de ser amigo da autora, o que tem me permitido testemunhar, ao longo dos anos, a consistência entre vida e obra presentes neste livro.

ZIEL MACHADO

Vice-reitor do Seminário Teológico Servo de Cristo e pastor da Igreja Metodista Livre, em São Paulo

CORPO COMO PALAVRA

Uma visão bíblica sobre saúde integral

—

KAREN BOMILCAR

Edição
Daniel Faria

Revisão
Natália Custódio

Produção e diagramação
Felipe Marques

Colaboração
Ana Luiza Ferreira
Marina Timm

Capa
Pri Sathler
Rick Szuecs

CIP-Brasil. Catalogação na publicação
Sindicato Nacional dos Editores de Livros, RJ

B683c

    Bomilcar, Karen
      Corpo como palavra : uma visão bíblica sobre saúde integral / Karen Bomilcar. -1. ed. - São Paulo : Mundo Cristão, 2021.
      192 p.

    ISBN 978-65-5988-028-7

      1. Saúde holística. 2. Saúde - Aspectos religiosos - Cristianismo. 3. Corpo e mente. 4. Vida espiritual - Cristianismo. I. Título.

21-72293   CDD: 248.4
                            CDU: 27-468:613.86

Camila Donis Hartmann - Bibliotecária - CRB-7/6472

Categoria: Espiritualidade
1ª edição: outubro de 2021
Impressão digital sob demanda

Publicado no Brasil com todos os direitos reservados por:

Editora Mundo Cristão
Rua Antônio Carlos Tacconi, 69
São Paulo, SP, Brasil
CEP 04810-020
Telefone: (11) 2127-4147
www.mundocristao.com.br

Para Carla, Nelson, Nathan, Ana Beatriz:
olhares amorosos e companheiros para qualquer travessia.
Amo vocês.

Sumário

....

Agradecimentos

....

Gratidão a Deus pelo dom da vida, pela salvação, pelo amor e a graça que me alcançaram, e por sua companhia que me sustenta dia a dia.

Gratidão às famílias Verotti Ferreira e Bomilcar. Aos amigos e mentores queridos, cada um que, ao longo da minha vida e das mais diversas formas, expressou cuidado e afeto por meio de orações, incentivo, hospitalidade, sustento emocional, espiritual e financeiro. O rosto de cada um de vocês está em minha memória, e seus gestos, guardados em meu coração. O que já vivemos juntos, as tristezas e as alegrias, fizeram que eu aprendesse com nossas diferenças e me aproximasse do coração de Deus.

Gratidão àqueles a quem tenho escutado e ouvido ao longo destes anos de serviço ministerial e profissional.

Gratidão a Ana Beatriz Zimmermann, Andrea Goldsmith Killing, Bernardo Cho e Davi Chang Ribeiro Lin, pela leitura inicial deste trabalho em português e por suas enriquecedoras contribuições.

Gratidão à Editora Mundo Cristão pela publicação deste trabalho, em especial a Renato Fleischner pelo encorajamento, ao editor Daniel Faria pelo cuidado e observações, a Silvia Justino e a Mark Carpenter.

Apresentação

....

O apóstolo Lucas era um médico/filósofo, o máximo da erudição no mundo romano. Contrastava com pescadores humildes como Pedro, e até mesmo com outros mais instruídos como Mateus, o cobrador de impostos. Todos foram, porém, igualmente seguidores de Jesus. Não é de surpreender então que, sob sua perspectiva, Lucas preste muita atenção aos milagres de curas que Jesus realizou. Lucas também se mostra único ao contribuir com a escrita de seu Evangelho e, também, depois de Pentecostes, com o livro de Atos dos Apóstolos. Novamente, ele é único ao mencionar com frequência o tema do Cristo ressurreto que é "Senhor sobre todos". Ele desafia os romanos pagãos lembrando-os de que, embora estes reivindicassem o domínio de alguns territórios, só o Cristo é Rei universalmente, sobre todo o cosmo. Daí o foco de Lucas em Atos dos Apóstolos ao recitar as acusações legais que os tribunais de Roma fizeram contra o apóstolo Paulo. Pedro também fez sua defesa perante o sinédrio judeu.

No entanto, vocês podem me perguntar: que relevância tem isso tudo na apresentação do livro que está em suas mãos? A importância diz respeito ao fato de que cuidar da saúde significa cuidado holístico, corpo, alma e espírito, que é a preocupação do apóstolo Paulo em sua carta aos colossenses: apresentar-se diante de Deus "santos, sem culpa e livres de qualquer acusação" (Cl 1.22).

A aparição de Jesus a seus discípulos, após sua ressurreição, foi para que tivessem paz de espírito. Para que seguissem sem medo, desfrutando de sua alegria. Em meu papel de professor, pergunto a meus alunos após uma aula: "Ofereci alegria a vocês através dos novos *insights* que obtiveram hoje?". Da mesma forma, um cristão que é terapeuta deve trazer amor, alegria, esperança e paz à mente e ao coração de cada paciente em suas interações, mesmo as que geram confronto.

De forma vívida, o apóstolo Paulo escreve aos cristãos romanos que "toda a criação geme" (Rm 8.22) enquanto aguarda a visitação do *shalom* de Deus, a plenitude da cura de toda a desunião. É por isso que os biólogos têm buscado conhecer sobre ecossistemas de animais, peixes e pássaros, que são essencialmente esconderijos de predadores, pois o "medo" prevalece em toda a Criação. Nossos primeiros pais, Adão e Eva, ficaram cheios de vergonha — que é uma forma de medo — e se esconderam, assim como todos os animais os seguiram formando "ecossistemas".

Assim, o papel de um terapeuta da saúde é muito amplo, mais até do que muitos cristãos terapeutas podem imaginar, pois tratam da temática da redenção de toda a Criação, que é o tema dessa citação de Paulo. Mas os terapeutas que não são cristãos podem ser efetivos profissionalmente e trazer uma forma de contribuição, pois, já tendo percebido ou não, todos os seres humanos são criados à imagem de Deus, a *Imago Dei*. Portanto, todos os seres humanos têm o potencial de ser gentis, compassivos e atenciosos. E aqueles que já se encontraram com Cristo já sabem que a origem de todo esse amor é o Deus revelado e encarnado na pessoa de Jesus.

O caminho da querida Karen Bomilcar no cuidado com as pessoas começou cedo, cultivando um coração compassivo e amoroso, construindo relações de amizade nas quais a pessoa de Jesus é o exemplo, ao acolher pessoas diferentes. E, por meio das oportunidades que Deus lhe tem concedido ao longo de sua vida, ela tem ocupado os espaços com sabedoria e discernimento para serviço ao próximo tanto em seu trabalho como profissional quanto nas comunidades de fé. Como psicóloga e em sua trajetória de espiritualidade cristã, tem ampla compreensão do que significa a saúde. Karen está bem qualificada para escrever este livro em virtude de sua experiência de escuta e acolhimento de pessoas durante muitos anos, bem como em seus papéis de liderança e no cuidado pastoral. Mas o que Karen está fazendo neste livro é aprofundar a consciência das pessoas e das comunidades de fé e de saúde sobre até que ponto essa nobre profissão pode servir e qual o papel da comunidade no cuidado. Na cultura do personalismo que permeia um país como o Brasil, a psicoterapia individualizada está muito em voga, assim como o egocentrismo e ilusões de autossuficiência. É preciso recuperar um olhar de cuidado integral e comunitário.

Este livro foi escrito embrionariamente num inverno canadense em 2013, em um processo de profundas transformações pessoais da autora, que testemunhei em nossas conversas. O fato deste trabalho estar chegando a vocês em língua portuguesa especificamente em tempos de uma pandemia que vem desafiando toda a nossa vida política, social, econômica e pessoal é de grande importância, pois a compreensão da saúde pode assumir uma nova consciência cultural. Este livro é um ótimo começo para ampliar e aprofundar nossa mentalidade e visão de mundo.

Meu afeto, amizade e orações a Karen, que é uma corajosa e sensível mulher servindo nesta geração no contexto latino--americano e no mundo, e que, de forma singela e transparente, compartilha com as pessoas sua amizade com Jesus, a fim de abençoá-las.

DR. JAMES M. HOUSTON
Professor emérito de Teologia Espiritual
do Regent College, Canadá

Prefácio

....

Conheci Karen há mais de duas décadas, em Vancouver, no Canadá, quando éramos adolescentes e nossos pais estudavam no Regent College. A amizade das famílias se tornou a nossa também. Creio que, assim como eu, Karen começou a se interessar pela mina de ouro que é uma reflexão teológica marcada por uma pessoalidade relacional, inspirada pela presença marcante do Dr. James Houston. Ao longo da vida, fizemos percursos paralelos que foram se encontrando: estudamos psicologia, nos envolvemos com a Aliança Bíblica Universitária (ABU), com o Projeto Grão de Mostarda (PGM), com o Movimento de Lausanne; e, pela obra da graça, retornamos ao Canadá, no mesmo Regent College de nossos pais, para nossa formação teológica na mesma época. Pela via da amizade, de quem confia no percurso do outro, temos ensinado juntos sobre teologia, espiritualidade e saúde no Seminário Teológico Servo de Cristo, em São Paulo.

Uma tarde, Karen me fez um convite:

— Davi, quero que você escreva o prefácio do meu livro.

— Amiga, fico muito honrado. Mas você tem tantos contatos, não gostaria de chamar uma pessoa mais conhecida do público?

— Amigo, acho que já convivemos o suficiente para você saber que não é com isso que me importo!

Essa resposta revela que tipo de coração provoca esta obra: conviver com Karen é entrar em um mundo de pessoalidade e amizade que se contrapõe a uma sociedade de distrações e superficialidades. Christoph Theobald descreve a passagem existencial que é possibilitada pela proximidade com pessoas reveladoras, "barqueiros", que dão sentido à travessia da vida interior. São pessoas que nos propõem uma nova maneira de habitar os sentidos que a vida apresenta. Saindo da multidão indiferenciada e desatenta para uma trajetória de singularidade, esses barqueiros habitam o mistério da existência profunda e nos convidam a uma travessia ao outro lado.

Desconheço uma reflexão teológica tão carregada de escuta atenta ao drama humano como a que emerge deste livro. Diante de diálogos entre surdos e líderes que falam mais do que ouvem, Karen sabe escutar a dor do mundo, ouvir a sabedoria dos mestres, e conectar o evangelho à vida concreta das pessoas. Na rara combinação desta obra, Karen integrou uma exímia reflexão teológica a partir da escuta do sofrimento como psicóloga em um hospital público no sistema de saúde brasileiro. Diante da brutalidade dos aparentemente "fortes", somos brindados com uma teologia pastoral que é fruto da sensibilidade feminina com coragem e cuidado para encarar temas difíceis.

"É melhor ir a uma casa onde há luto do que a uma casa em festa, pois a morte é o destino de todos" (Ec 7.2, NVI), lembrava-nos ela em uma de suas aulas. "É um dos espaços onde Karen habita, no hospital, casa do luto", pensava eu. Daí vem sabedoria: onde há luto existe reflexão e consciência de finitude, e busca por um sentido em meio à dor. Na casa do pranto há um movimento de tornar-se cônscio de sua destinação mortal que possibilita a estimação da vida. Habita-se, porém, distraidamente, na casa da festa, na desatenção com nossa humanidade vulnerável. É revelador que, quando alguém recebe um prognóstico pouco favorável, inesperadamente tenha de reordenar suas prioridades. Não seria melhor se essa reorientação fosse feita sem sobressaltos? Ernest Becker, em sua obra *A negação da morte*, aponta como os mecanismos inconscientes de negação da morte restringem um movimento saudável em direção à casa do luto. Esse movimento de negação se aprofundou na contemporaneidade, na complexa relação entre a tecnologia e a desvalorização do envelhecimento. Em uma sociedade de avanços científicos que prolongaram os anos de vida, corre-se o risco de despender uma enormidade de recursos para não se conectar com a finitude ou para proteger uma imagem idealizada autocentrada.

Como uma profissional de saúde carregando uma preciosa vacina, Karen inocula em nós um antídoto contra a alienação, o triunfalismo e a vida dispersa. Concede-nos uma boa dose de realismo, de retorno ao fundamental, alertando-nos de nossos próprios limites e fragilidades, ainda que nos levando além deles, amorosamente conjugando-os com o verbo "esperançar". Karen lembra-nos de que, diante do corpo padecente, a tarefa cristã não é somente anunciar a vitória sobre a morte, mas também acompanhar a humanidade em sua dor de reconhecer-se mortal e finita. Uma fé de respostas prontas arrisca-se a não acompanhar um percurso existencial de sofrimento. Trai o exemplo de seu próprio Senhor, que andou com gente sofrida na periferia do Império Romano e com os discípulos enlutados no caminho de Emaús. A obra que você tem em mãos, nascida do habitar no sofrimento do outro, assim como na casa do luto, carrega dentro de si um dom, um presente de nos levar além da dor. Este livro, portanto, exala uma sensibilidade ao sofrimento humano traspassada por uma teologia que aponta um caminho de vida e saúde.

Karen nos brinda tanto com a sabedoria de seus mestres quanto com sua elaboração própria: reconheceu suas pérolas, considerou-as, burilou-as e as entregou a nós. Como um livro recheado de preciosidades, não é para ser lido rapidamente, mas degustado, reconhecido em suas provocações de perguntas fundamentais, permitindo-nos ser incomodado por elas. Ao ler as citações deste livro, lembre-se de que está sendo convidado a um universo de confiança, amizade e pessoalidade. Sua vinculação com os autores citados é o reconhecimento de que Karen é herdeira de um legado cristão fecundo. "Coloquemos as fotos dos autores nas apresentações quando os citarmos", dizia-me Karen ao prepararmos uma aula. Lembrava-me de que oferecemos aos alunos não somente uma ideia, mas pessoas em relação que se comunicam por meio do corpo.

Costumamos enfatizar a verdade de que o cristianismo é uma fé no livro, nas Escrituras. Mas podemos esquecer que outras religiões monoteístas também têm seus livros sagrados. A radicalidade da proposta cristã é que as Escrituras apontam para uma história marcada no corpo. Deus desejou revelar-se por meio de um corpo vulnerável na Palestina do primeiro século. Cristo se encarnou, padeceu sob Pôncio Pilatos, foi crucificado, morto, sepultado e ressurreto vive. A experiência corpórea habita o centro de nossa fé: "este é o meu corpo entregue em favor de vocês". Se a biologia vê no corpo mecanismos biológicos e fisiológicos, a fé cristã vê o corpo diretamente associado à revelação, o corpo não só como lugar de padecimento, mas de doação e manifestação do divino. Esse amor doador do Pai encarnado pelo Filho e presente no mundo pelo Espírito Santo dirige-nos, insta-nos, carrega-nos em direção da completude, da integração, da reconciliação.

Considerem a profundidade do título, *Corpo como Palavra*. Corpos são longos como histórias e constituem-se em "emaranhados de linguagem", como observou José Tolentino

Mendonça. É no corpo que carregamos as marcas da história do sacrifício em nome do amor e passamos do corpo autoafirmado para uma existência entregue. Uma mãe que acorda no meio da noite e adquire olheiras por não dormir bem, carrega no corpo uma linguagem de um cuidado com o filho. Um corpo que vai envelhecendo carrega as marcas, a comunicação da história de seus relacionamentos. Portanto, não deve ser visto somente como negatividade, mas como sinal que aponta para uma vinculação. Corpo, portanto, não é a matéria neutra que ocupa um espaço, mas é "templo", a expressão da hospitalidade (1Co 6.19), a comunicação da doação relacional. Diante da Palavra que se fez carne, ampliamos a noção e o modelo de saúde, não como ausência de doença, mas como presença. Saúde não é um objeto a ser adquirido, mas vinculação integral com Deus, o próximo e a terra. Essa conexão se encarna no presente e aponta para seu futuro em Deus, no corpo destinado à ressurreição, à espera da Palavra recriadora. Afinal, como nos aponta Karen, a saúde do corpo está firmemente encarnada na esperança.

Boa leitura!

DAVI CHANG RIBEIRO LIN

Psicólogo, doutor em Teologia, professor no Seminário
Teológico Servo de Cristo e pastor na Comunidade Evangélica
do Castelo, em Belo Horizonte

Introdução

....

Acredito que a Criação é um tecido contínuo que inclui simultaneamente o que chamamos de "espírito" e o que chamamos de "matéria". Nosso corpo está envolvido no mundo. Precisamos considerar todas as diversas conexões do corpo com os outros corpos e com o mundo. O corpo, "feito de modo especial e admirável", é um mistério tanto em si mesmo quanto em suas dependências.

WENDELL BERRY[1]

....

Em 2010, li a transcrição de uma palestra sobre saúde proferida em 1994 por Wendell Berry. Pouco conhecido no contexto brasileiro, Berry é um dos principais ativistas na área ambiental no mundo, além de premiado autor de ficção, poesia e ensaios. No texto em questão, "Health is Membership" [Saúde é pertencimento/vinculação], Berry questiona nossa obstinação com os temas relacionados à saúde e ao bem-estar, obstinação essa que, segundo ele, na verdade expõe nossas doenças e fragilidades, nossa desintegração como pessoas e como sociedade, e nossa dificuldade em nos percebermos como seres relacionais. Esse conteúdo me encaminhou para uma reflexão mais profunda sobre a interface entre fé, saúde e comunidade. Como nossas crenças têm influenciado nossa forma de dar sentido e significado a nossos dias, sobretudo nas situações

[1] BERRY, "Health is Membership", in *What I Stand On*, vol. II, p. 110.

que envolvem a integração de nosso corpo e o processo saúde-
-doença? Como viver como comunidade promovendo saúde e
integrando as diferentes esferas da vida?

Partindo de minha experiência de fé e da prática no cuidado com as pessoas de forma pastoral, psicológica, e na
interface com a saúde pública e com a comunidade cristã,
propus-me estudar e escrever sobre isso.

Entre 2011 e 2013, cursei mestrado em Teologia com ênfase
em matérias relacionadas a Estudos Interdisciplinares e Teologia Pastoral, no Regent College, Canadá. Orei por essa possibilidade, percorri todos os longos processos necessários e fui
agraciada com uma bolsa de estudos. Família, irmãos e amigos me apoiaram de diversas formas nesses anos de desafios e
dedicação. Escolhi intencionalmente essa instituição que eu já
conhecia por suas publicações, seus professores, seu legado, e
pela experiência de alguns de meus mentores que estudaram lá,
incluindo meu pai, no final da década de 1990, nos anos em que
nossa família morou no Canadá. O Regent College foi idealizado
no final da década de 1960 como uma faculdade de teologia vol-
tada para homens e mulheres de todas as denominações cristãs,
com ênfase nos leigos, a fim de preparar o povo de Deus no conhecimento da Palavra e oferecer espaço para reflexões relativas
a diferentes âmbitos da vida, de forma integrada, visando tanto
o trabalho formal em instituições religiosas quanto as diversas
profissões na sociedade como um todo. Que diferente seria o
mundo se entendêssemos que não apenas as lideranças eclesiás-
ticas podem e devem estudar e refletir sobre a Palavra de Deus!

O objetivo do meu tempo no mestrado não era alcançar
mais um título acadêmico, até porque a ênfase da instituição re-
cai sobre a transformação pessoal, o relacionamento com Deus
e com o próximo, a mentoria e interação com os professores.

Assim, eu queria dedicar alguns anos para, mais que formalizar os estudos teológicos, abrir espaço no coração e na mente para amadurecer de forma pessoal na relação com Deus, com a comunidade, e para refletir acerca da minha vocação de cuidado com pessoas. Aprendi que teologia se faz de joelhos, que a oração precisa nos acompanhar em todo tempo. Naqueles anos, comecei a registrar por escrito uma parte do que tenho visto e ouvido. Percebo a dificuldade que temos como seres humanos e como cristãos em lidar com nossas fragilidades e, em particular, com os aspectos relacionados ao corpo, o que inclui a saúde física e mental, a sexualidade, o adoecimento, a integração das emoções nas relações, e assim por diante.

Dentro desse tema mais amplo, optei por refletir sobre o processo saúde-adoecimento, já que tem sido minha atuação majoritária nestes anos de vida profissional. O adoecimento traz consigo uma série de desdobramentos emocionais e espirituais. O cuidado com a pessoa que sofre precisa ser observado de maneira ampla, visto que diversos fatores atuam em complemento: aspectos biológicos, psicológicos, espirituais, culturais, sociais, etc. Compreender o contexto no qual a pessoa está inserida é fundamental para entender o sentido e o significado que se atribui àquela experiência, bem como a forma como se enfrenta o processo. Essas questões psicológicas que acompanham a experiência de adoecimento dizem respeito a sentimentos, pensamentos, comportamentos, crenças, dificuldades, memórias, enfim, à relação da pessoa com o próprio processo de adoecimento.

Muito provavelmente você já acompanhou alguém em sofrimento físico ou emocional ao longo dos anos, seja um familiar, um amigo ou algum membro de sua comunidade de fé. Ou talvez a pessoa que sofreu tenha sido você. Estamos todos trilhando momentos diferentes de nossa história, mas nossas vulnerabilidades nos unem, e não raro não sabemos como abordar tais questões. Creio que a comunidade precisa refletir de forma mais atenta sobre como encarnar o evangelho e, mesmo dentro de nossas limitações humanas, integrar-nos de maneira mais profunda.

Desde que iniciei meu trabalho na área da saúde, tive contato com pessoas de diversas culturas, crenças e classes sociais. Na minha prática diária, ouço pessoas compartilhando as mais diferentes experiências e noto quanto a fé ou o sistema de crenças adotado impacta, positiva ou negativamente, a forma como compreendem seu corpo, sua saúde, seus relacionamentos, seu modo de vida. Assim, quando acontece o adoecimento, há uma dificuldade de integração dessas questões. Afinal, a fragilidade, a vulnerabilidade, a finitude, a condição humana em geral e as questões que dela decorrem nos põem diante da reflexão sobre o sentido da vida, sobre nossas escolhas e relações.

Isso me levou a refletir mais atentamente sobre quanto, de maneira geral, seguem dissociadas a fé que professamos e a vida que levamos. Então, quando estava escrevendo um trabalho de conclusão do mestrado, em 2013, decidi revisar e registrar esses temas. Fui atrás do que estava sendo dito e escrito por teóricos, conversei com professores, e procurei relacionar tais percepções às experiências que tenho vivido ao longo dos anos. Nessa escuta, observei a necessidade de contribuir para ampliar a reflexão dessas questões no seio da comunidade cristã. Em 2006, anos antes de eu ir para o Regent, um dos meus mentores, o dr. James Houston, me disse em uma conversa que o lugar onde me encontro, isto é, a prática profissional na área da saúde pública e do cuidado e o engajamento no cuidado pastoral e no ensino na comunidade cristã, era um lugar de grande responsabilidade e de múltiplas possibilidades de integração, ação e confrontação, e portanto eu deveria atentar-me para isso e ocupar esse espaço de forma responsável e coerente com os valores do evangelho de Jesus. Uma vez que minha vocação está em minha identidade em Cristo, a partir daí procuro viver, amar e servir, por meio da atividade profissional, dos relacionamentos que construo ou de quaisquer outras possibilidades.

E tenho concluído que, sim, precisamos capacitar mais aqueles que estão envolvidos em todas as esferas da comunidade de fé, bem como levar essa integração também àqueles que se encontram na esfera profissional, em seus locais de trabalho e de serviço ao longo da semana. Sinto muitas vezes que a igreja, quando alienada do espaço público, perde seu tempo tentando responder a perguntas que não estão sendo feitas ou se engajando em combates desnecessários, desconectando o evangelho do "mundo real", sem discernir o momento em que vivemos e o que Deus nos tem proposto neste capítulo da história. Em vista das perguntas que temos enfrentado na complexa configuração do mundo atual, convém corrigir a rota que a omissão e o despreparo dos cristãos em dialogar nas esferas da sociedade nos têm colocado. E, de fato, pouco adianta nos envolvermos em embates sem base, sem reflexão, sem oração, sem sabedoria vinda do alto. Precisamos nos dedicar de maneira amorosa e bíblica à ocupação desses espaços, refletindo profundamente o amor de Jesus em seu plano de redenção para a humanidade. E, como em todo diálogo, o primeiro passo é a escuta. Precisamos ouvir.

Então, entre 2018 e 2019, decidi transformar essa reflexão em livro, traduzindo o trabalho do inglês para o português, ampliando-o e contextualizando-o. O objetivo do texto que os leitores agora têm em mãos é abordar alguns aspectos da relação entre a comunidade e a promoção da saúde holística no paradigma individual e comunitário, explorando os conceitos inseridos nas definições de saúde, as ênfases que os cristãos dão ao corpo e sua integração com as dimensões espirituais e psicológicas. Pretendo discorrer sobre como nossas práticas cristãs como seres humanos encarnados se aplicam a nossas dimensões individuais e comunitárias. Por se tratar de um tema amplo e multifacetado, será apenas um recorte breve e pontual, com o objetivo principal de compartilhar as experiências, vivências e observações que tenho adquirido na prática do cuidado.

Apesar de ter iniciado esta escrita em um ambiente acadêmico, penso que, em certo sentido, desejo ser uma tradutora. Gostaria de traduzir questões que por vezes se perdem no rigor acadêmico e no debate intelectual, e colocá-las em palavras acessíveis e ações práticas para o dia a dia, nas situações que enfrentamos cotidianamente na pastoral, nas amizades, na família. Trazer essas reflexões para as rodas de conversa, os pequenos grupos, as conversas do coração com os amigos e familiares. Trazer essas reflexões para as conversas com Deus.

O título deste trabalho em português, *Corpo como Palavra*, tem sido usado nos últimos anos em um curso que ministro junto com meu amigo Davi Lin, mas surgiu originalmente no contexto de diálogos afetivos e reflexivos com a querida Bia, cunhada e amiga, também na área da saúde.

De fato, creio que quanto mais nos humanizamos e encaramos nossas fragilidades, quanto mais abrimos espaço para a ação do Espírito Santo em nós, quanto mais ampliamos a compreensão e o coração para nos enxergarmos na relação com Deus e uns com os outros de forma (inter)dependente e amorosa, tanto mais poderemos sinalizar o reino de Deus de forma encarnada para florescer nos lugares onde Deus nos plantou.

1

Uma teologia do corpo

....

Assim, a Palavra se tornou ser humano, carne e osso,
e habitou entre nós. Ele era cheio de graça e verdade.
E vimos sua glória, a glória do Filho único do Pai.

João 1.14

Com a Criação, ficou estabelecida uma fascinante e
inquebrável aliança: aquele que une a espiritualidade
divina e a vitalidade terrestre. Pois onde experimen-
taremos melhor o Espírito de Deus senão no extremo
da carne tornada vida? Onde contataremos com o seu
sopro senão a partir do barro? Onde nos abriremos
à sua tangível passagem senão através dos sentidos?

José Tolentino Mendonça[1]

....

A espiritualidade cristã apresenta um Deus criador e pessoal
que fez os seres humanos, homem e mulher, à sua imagem e
semelhança, de forma complexa e detalhada, com sentimentos e
emoções. Apresenta esse Deus como um Pai que ama profunda
e incondicionalmente a todos os seres humanos, provando seu
amor por sua Criação e por suas criaturas ao encarnar-se em
Jesus, ou seja, ao tornar-se homem, experimentando alegrias
e dores, morrendo na cruz do Calvário para perdoar e salvar
a humanidade de seus pecados, salvação essa que a humanidade não conseguiria conquistar sozinha e que concede, pela

---

[1] Mendonça, *A mística do instante*, p. 11.

graça, uma vida plena e reconciliada com o Criador. E apresenta Deus como trinitário, isto é, Pai, Filho e Espírito Santo — um Deus relacional.

Nos relatos bíblicos sobre a vida de Jesus, encontramos um corpo em experiência: desde sua gestação por Maria, seu nascimento, depois como menino que brincava nas ruas com amigos, como o Mestre que conviveu com os discípulos, que sentiu fome, sono, alegria, angústia, indignação, até sua morte violenta na cruz. Um Deus que morre, não um Deus que mata. Mas, também, um Deus que ressuscita e vive. E, dentro da temática da espiritualidade, por vezes temos a inclinação de dissociá-la do corpo, enaltecendo as experiências que chamamos de espirituais (de alma e espírito) e diminuindo a importância do corpo físico, como se fosse possível viver nessa cisão.

Quando nos propomos observar questões do corpo, associamos essa ideia às experiências vividas nele e através dele. É comum atentarmo-nos para o corpo quando algo nele não vai bem. Olhamos para o corpo com mais atenção quando entendemos que ele necessita de cuidados. Mas será que não deveríamos ampliar nosso olhar? Acaso nos enxergamos como seres integrais, que carecem de cuidados nas esferas física, emocional, espiritual e social? Alguma dessas áreas é enfatizada ou negligenciada pela comunidade cristã? Afinal, o que é que entendemos por saúde?

O ponto de partida desta reflexão é o contexto atual, sem perder o trilho histórico que nos fez chegar até aqui. A dra. Sarah Williams, que foi minha professora de História do Cristianismo no Regent College, nos auxilia na compreensão do paradigma atual sintetizando em quatro palavras o pano de fundo do momento em que vivemos: *fragmentação, invenção, fluidez e restrição*.[2]

Fragmentação define o estado em que nos encontramos, cindidos do passado e do futuro, vivendo o presente em rompimento com nossa própria história. Tratamos as tradições com ceticismo e acabamos por descartar aspectos importantes de nosso desenvolvimento histórico. Invenção diz respeito à compra e venda de nossa identidade, permeada na sociedade de consumo, que faz que cada ser humano viva sob a perspectiva de que tem direito de escolher quem deseja ser. Correlacionada a essa perspectiva está a questão da fluidez, em que os indivíduos se perguntam quem são neste momento, transformando-se na medida em que narrativas e aspectos culturais são mudados, conforme ditam a moda, o mercado, etc. E, por último, o aspecto da restrição, no qual se enquadra a adequação de nossas escolhas pessoais ao nível público e privado, produzindo uma cisão entre essas esferas e, assim, provocando uma série de conflitos de identidade.

Há algumas décadas, o memorável teólogo holandês Henri Nouwen já pontuava que uma reflexão sobre nosso posicionamento no mundo de hoje demandaria um retorno às raízes, por identificar já naquele momento uma geração deslocada e sem raízes. Sugeria o aprofundamento da reflexão de três características para homens e mulheres que desejassem ministrar para sua própria geração: *interioridade, orfandade e convulsividade*.[3] A questão da interioridade diz respeito ao individualismo presente, em que o sujeito se retira para suas próprias questões.

---

[2] Curso Reframe, Episódio 2, "Cultural Stories", Regent College, <https://www.youtube.com/watch?v=cSScZDD4LPs>. Acesso em 22 de junho de 2021.

[3] NOUWEN, *O sofrimento que cura*.

A orfandade aponta para uma geração que suspeita de todas as figuras paternas ou de autoridade, uma geração que rejeita tais referências e desloca-se delas. A convulsividade, por fim, designa uma combinação das tendências de interioridade e orfandade, que provocaria insatisfação, frustrações inomináveis que, por sua vez, resultariam em ambivalência interna e um instinto de contestação que não encontraria espaço para ser traduzido. Esses três aspectos reforçariam, então, o desenvolvimento de pessoas emocionalmente vulneráveis a mais formas de abusos, a intolerância a frustrações, a infantilização, o apego e o deslumbre com figuras "heroicas" que prometem soluções rápidas e livres de esforço e dedicação.

Em contrapartida, a proposta do evangelho de Jesus diz respeito a localização, integração, conversão e transformação. Consiste em trazer todas as esferas da vida à sua luz e fazer dessa identidade algo sólido na caminhada de discipulado, mesmo em meio a nossas contradições e falhas como seres humanos, numa trajetória de peregrinação com etapas e processos que demandam respeito ao tempo de cada estação. Sob a ótica desse paradigma, iniciamos uma reflexão sobre a questão da saúde integral e do cuidado com quem somos. A compreensão de que o que faço com meu corpo, com minhas emoções e com meus comportamentos nada tem a ver com minha fé é uma compreensão permeada pela fragmentação e pela fluidez acima descritas, pelas quais estamos sujeitos a um deslocamento de nossas referências, de nossa identidade na Criação.[4]

O exercício da fé cristã procura integrar todas as áreas da vida à luz do evangelho e correlacioná-las à nossa história.

---

[4] Paulo e João nos chamam a atenção para essas questões nas Escrituras: ver Rm 6.12-14; 12.1-2; 1Co 6.12-20; 15.1-58; Ef 5.29; 1Jo 1.10.

Todavia, assim como acontece com a saúde, é comum encontrarmos cristãos que não refletem sobre como as atividades profissionais — outra manifestação de nossa vida encarnada — têm a ver com a caminhada de fé e com o serviço e o amor a Deus. O serviço a Deus não se restringe ao ambiente das comunidades religiosas, aos trabalhos sociais, às missões transculturais, etc. Trataremos especificamente de aspectos relacionados ao corpo que trabalha mais à frente.

Fomos criados para amar a Deus e servi-lo com toda a força, todo o entendimento e todo o amor (Mc 12.30). E isso inclui, obviamente, todos os espaços da vida. Faço aqui uma observação. Em nosso contexto latino-americano, e particularmente no Brasil, fazemos parte de uma cultura religiosa sincrética e supersticiosa que, de maneira velada ou não, ainda crê na lógica da retribuição, segundo a qual quanto mais trabalharmos para Deus, mais ele nos recompensará. Ou que determinados tipos de trabalho são mais nobres que outros. Ou que quanto mais fiéis a Deus formos, menos problemas ou sofrimentos teremos. Ou que, em momentos de dificuldade ou de adoecimento, por exemplo, encontraremos a cura se tão somente nos esforçarmos de modo sobre-humano para oferecer algo a Deus em troca. E estes certamente não são o caminho proposto pelo evangelho de Jesus. A cruz de Jesus nos é suficiente. Sua graça nos basta. Seu amor nos sustenta mesmo em meio à nossa fragilidade e finitude.

Precisamos resgatar a compreensão de que a graça de Deus é o que nos possibilita existir e, consequentemente, trilhar os caminhos que nos foram propostos, mesmo em meio ao sofrimento e às frustrações. De igual modo, precisamos resgatar a noção de que o lugar onde estou exercendo meus dons e as pessoas com quem estou convivendo são uma maneira de servir e amar a Deus. Essa integração é essencial e dá sentido e significado a nossos dias, aproximando-nos de Deus e permitindo-nos contemplar a ação e o cuidado dele em meio aos desafios à frente.

O dr. Iain Provan, teólogo e professor, em suas aulas de Antigo Testamento, oferece outro *insight* fundamental: para compreendermos nossas narrativas é necessário saber que toda *cosmologia* (a compreensão do que rege o cosmo, o universo) produz uma *teologia* (a compreensão da relação com Deus e o sagrado), que produz uma *antropologia* (origem, desenvolvimento e comportamento do que é ser humano), uma *ética* (o que orienta a forma de comportamento humano com base em seus valores) e uma *política* (as formas de organização e atuação no espaço público). Em outras palavras, nossa compreensão da origem e concepção do mundo produzirá um modo de nos relacionarmos com Deus e, consequentemente, de compreendermos o ser humano e suas questões de identidade. Portanto, a maneira com que iniciarmos esta reflexão impactará o significado que atribuiremos a nossas experiências em todas as áreas da vida.

Há que se ter zelo e cuidado para estudar a Palavra de Deus de forma consciente, em oração, para que Deus nos conceda sabedoria nesta caminhada e não sejamos promotores de caminhos de morte ou de teologias equivocadas que podem prejudicar, e muito, a vida das pessoas em suas escolhas diárias, em sua maneira de conceber o mundo, de tratar os outros e de agir em sociedade. Conhecer a Deus nos coloca em um caminho de conhecimento de nossa identidade. Portanto, nossa reflexão parte da compreensão que nós, cristãos, temos de nossa identidade como seres criados à imagem e semelhança de Deus. Nas palavras do dr. Craig Gay: "Não podemos saber quem somos se não soubermos quem Deus é.

O modelo subjetivo e antropocêntrico do pensamento moderno nos encoraja a imaginar nosso conceito de Deus como uma extensão lógica de nossa autocompreensão, mas é o contrário disso".[5]

O que é saúde

É particularmente relevante que os cristãos se envolvam em uma maior reflexão sobre o tema do corpo e da saúde, a fim de encontrar uma forma de enfrentar as questões que se apresentam ao longo da vida. O desejo de saúde e integridade, afinal, é intrínseco ao coração humano e manifesta-se nos diferentes esforços para a preservação e o prolongamento da vida. É preciso fazer uma reflexão de uma teologia pastoral da saúde que contemple os acontecimentos da experiência humana, o ambiente onde tais experiências ocorrem e aqueles agentes que realizam esta integração, como a família, a escola, o meio profissional, a comunidade, os pastores, e assim por diante.

No contexto brasileiro e latino-americano, a problemática da saúde pública tem produzido um crescente interesse por parte de diversos movimentos visando uma reflexão mais aprofundada, uma teologia e antropologia da saúde. Em todo caso, a fim de abordar adequadamente o tema da saúde, exige-se uma compreensão preliminar do termo em si.

A saúde é uma questão ampla que pode ser compreendida de diversas formas. Na maioria da literatura, o conceito de saúde está ligado à definição da Organização Mundial de Saúde (OMS) como *um estado de completo bem-estar físico, mental, social e espiritual, e não apenas a ausência de doença ou*

[5] Gay, *The Way of the Modern World*, p. 281.

enfermidade.[6] Do ponto de vista bíblico, o conceito de saúde pode ser expandido e implicar integridade e integração, a harmonia entre corpo, mente e espírito; entre o indivíduo e os outros; e entre o indivíduo, a natureza e Deus.

Portanto, para abordar o tema da saúde é necessário expandir nossa compreensão do corpo humano e da própria Criação. Encontramo-nos e nos relacionamos como seres encarnados. O corpo desempenha um papel essencial na forma como existimos no mundo e, consequentemente, é a partir dele que trataremos do tema saúde.

Observando o chamado Credo Apostólico, lemos:

Creio em Deus Pai, Todo-poderoso, Criador dos céus e da terra.

Creio em Jesus Cristo, seu único Filho, nosso Senhor, o qual foi concebido por obra do Espírito Santo; *nasceu* da virgem Maria; *padeceu* sob o poder de Pôncio Pilatos, foi *crucificado, morto* e *sepultado; ressurgiu* dos mortos ao terceiro dia; subiu ao céu; está sentado à direita de Deus Pai Todo-poderoso, donde há de vir para julgar os vivos e os mortos.

Creio no Espírito Santo; na santa igreja universal; na *comunhão* dos santos; na remissão dos pecados; na *ressurreição* do corpo; na vida eterna.

Amém.

Nessa declaração basilar para a fé cristã, o conceito de encarnação tem relevância, expressão e significado com Jesus Cristo, o Deus encarnado, e é expandido para nossa vida e nossa relação uns com os outros. Historicamente, porém, um número significativo de cristãos tem mostrado uma clara

---

[6] Saúde Brasil, "O que significa ter saúde", <https://saudebrasil.saude.gov.br/eu-quero-me-exercitar-mais/o-que-significa-ter-saude>. Acesso em 22 de junho de 2021.

dificuldade em entender que o material e o corpo são tão espirituais e integrantes da dádiva da vida quanto o que se conhece por espírito e alma. A sacralidade da Criação de forma integral tem sido desconsiderada na maneira como vivemos.

A dicotomia entre o que é "celestial" e o que é "terreno" afeta o modo como os cristãos compreendem a encarnação e o papel do ser humano no mundo. Faz-se necessário, portanto, uma distinção prática do entendimento de espírito, corpo e alma. O corpo pode ser descrito como o lado material da natureza humana, o espírito como o sopro da vida e princípio animador, e a alma como a criatura trazida à vida pelo espírito. Para fins didáticos, tais definições fornecem abordagens úteis, mas apenas se entendidas à luz do paradigma integral da saúde.

À medida que o século 21 se desenrola, o relacionamento com o corpo também se prova um desafio, uma vez que o encorajamento para a preocupação estética alimentada pela vaidade e o desenvolvimento da medicina moderna e da revolução tecnológica têm impactado fortemente a maneira como reconhecemos e lidamos com o corpo. O corpo passa a ser alvo de intervenções artificiais a fim de que se preserve, de alguma forma, dos efeitos do tempo.

Nesse sentido, a principal preocupação é a preservação e a plena satisfação do corpo, sobretudo porque a vida terrena é vista por muitos como a única realidade. Há que se tomar cuidado, então, para que o bem-estar e a saúde não se tornem um ídolo. Outras correntes, por sua vez, apresentam uma visão oposta, a de que nosso lar é no céu e, portanto, tudo o que diz respeito à vida encarnada no mundo tem menor significado e importância, o que resulta na desconsideração ao corpo físico. Contribuindo para essa reflexão, J. I. Packer argumenta que os cristãos devem viver esse paradigma em busca de algum equilíbrio, já que a dimensão de nosso corpo no mundo agora deve ser vivida à luz de nossa vida como seres eternos.[7] Ou seja, cuidemos de todas as esferas da vida presente, sem perdermos a dimensão de que na eternidade, como nos lembram as Escrituras, receberemos novo corpo (Fp 3.20-21).

Uma dessas esferas, por exemplo, é a sexualidade. O homem e a mulher são criados com sua singularidade, reconhecendo-se um no outro como criaturas e possuindo características de diferenciação e alteridade, para que desenvolvam relacionamentos de doação em amor. Uma das principais dimensões que contribuíram para a dificuldade da igreja ao longo da história em abordar questões relacionadas com o corpo é a referência imediata que fez da palavra "corpo" reduzindo-a à temática da sexualidade. O conceito de sexualidade precisa ser integrado em nossa dimensão humana como um dos aspectos da saúde, e não como o foco final de todas as preocupações relacionadas ao corpo.

A Bíblia ensina que o sexo é bom (Gn 1.31; Ct 1—8). Para o cristianismo, o corpo no sexo é uma experiência de doação, e não puramente de autoexpressão ou autossatisfação. É uma experiência celebrada nas relações de aliança e casamento como um sacramento, promovendo alegria, unidade, doação, cuidado, possibilidade de procriação. A experiência da sexualidade se dá no reconhecimento do outro, na alteridade, na unidade, no tornar-se "uma só carne". É fato que nossas vivências na esfera da sexualidade afetam nosso corpo físico e nossa saúde psíquica. Neste trabalho, a ênfase recairá sobre aspectos mais relacionados a adoecimentos físicos e psíquicos,

---

[7] Packer, *God's Plans for You*, p. 17.

e não sobre aspectos específicos ligados à sexualidade em si, porém o leitor pode aprofundar sua reflexão em outros livros que são referência nessa área.

Nossas vivências no corpo dizem respeito a nossas relações e nossa missão. Na experiência da comunidade, do casamento, das amizades, da maternidade, da paternidade, do cuidado mútuo, das manifestações artísticas, experimentamos diversas sensações e dimensões dessa encarnação.

Também na experiência com nosso corpo, em solitude com Deus, experimentamos dimensões da vida encarnada. Para expandir essa reflexão sobre os diferentes aspectos da vida encarnada, os cristãos devem rever os aspectos básicos da teologia da Criação e da humanidade, criada como seres de carne e osso e à imagem e semelhança de Deus, com significado e propósito, no universo material. Somos criaturas e integramos a Criação divina, e foi-nos dado um mandato relacionado ao cuidado em diversas esferas. Não há como desassociar nossas observações sobre o corpo de nossas reflexões mais amplas sobre a teologia da Criação.

O paradigma da teologia do corpo considera os registros nas Escrituras do Antigo e do Novo Testamento, abraçando os aspectos da Criação, da vinda de Deus em Jesus Cristo e da escolha de Deus da igreja como um corpo visível no mundo. Deus escolheu se relacionar com a humanidade mediante a encarnação e na vivência através de nosso corpo. Esse esforço na direção de uma teologia do corpo deve coexistir com a consciência de que há uma dimensão misteriosa para a realidade da encarnação e de que precisamos reconhecer nossos limites diante da experiência de transcendência.

"É possível ao homem responder à palavra, pois ela tornou-se carne", escreveu o dr. James Houston. "O Criador adentrou a finitude da existência humana, Cristo tornou-se homem."[8] Diferentemente, portanto, da noção do corpo como uma espécie de espaço no qual a alma estaria aprisionada, em Cristo o corpo nos é oferecido como um lugar de revelação, liberdade, uma dádiva que nos torna seres dotados da capacidade de adorar a Deus. A Palavra tornou-se carne, homem encarnado, e viveu as experiências humanas mesmo sendo Deus, revelando seu caráter e seu propósito para nós em seu reino. Com isso, dignificou a experiência humana no corpo e nos deu o privilégio de sermos seres em relação, com Deus e uns com os outros.

Como definiu o teólogo e poeta português José Tolentino Mendonça, "o corpo que somos é uma gramática de Deus. É por meio dele que aprendemos, e não mentalmente apenas".[9] O reino de Deus não é apenas "espiritual", no sentido de algo celestial, fantasmagórico, desencarnado, apontando para coisas etéreas. Essa é uma visão helenista, pagã, e não diz respeito à visão cristã. Na narrativa bíblica, de Gênesis a Apocalipse, ficam claros a intenção e o desejo de Deus para uma harmonia entre céus e terra. A ação do Espírito Santo no Novo Testamento aponta para essa integração. Jesus se ocupou de restaurar os que tinham deficiências visuais, auditivas, corporais. São diversos os registros de exorcismo e de curas e milagres da parte de Jesus para a restauração da imagem de Deus no ser humano. O reino de Deus é encarnado de forma concreta, um espaço no qual Deus manifesta sua vontade de restauração da Criação.

---

[8] Houston, *O Criador*, p. 149.

[9] Mendonça, "Não sabeis que o vosso corpo é templo (1 Cor 6:19) — Equívocos e vantagens de uma metáfora paulina", in De Mori e Buarque (org.), *Escritas do crer no corpo*, p. 79.

Nesse sentido, a expressão do ser humano através do corpo e dos sentidos precisa ser restaurada à luz do que fomos criados para ser. Uma parte significativa de nossas comunidades não só nega o papel do corpo na vida cotidiana, mas também exclui manifestações corporais de suas liturgias, ignorando o envolvimento dos sentidos na experiência de fé e nas manifestações de acolhimento e serviço. É preciso resgatar essa experiência. Em nosso país, muitas comunidades cristãs pentecostais, por exemplo, têm dado novo sentido a essa questão corporal. Conforme observou o teólogo Marco Davi de Oliveira, um aspecto extremamente importante para avaliar a espiritualidade dos negros e sua clara escolha pelas igrejas pentecostais "é a utilização do corpo", visto que, "em toda a história dos negros, o corpo é visto como instrumento que expressa o que o coração sente".[10] Como cristãos, podemos redimir nossa experiência corporal, desfrutando de tudo o que Deus nos deu para ser e fazer através do corpo no projeto redentor de sinalizar vida e beleza. O corpo e suas expressões de alegria, seu reconhecimento da beleza, suas trocas de afetos, são dádiva de Deus para nós.

Shalom

Não há como falar de corpo ou saúde sem falar do conceito bíblico de *shalom*. O termo hebraico *shalom*, mencionado inúmeras vezes no Antigo Testamento, pode ser definido como um estado de bem-estar, de paz, de completude, no qual as necessidades são satisfeitas e os recursos naturais são desfrutados,

---

[10] DE OLIVEIRA, "A espiritualidade e a identidade negra", in BOMILCAR (org.), *O melhor da espiritualidade brasileira*, p. 244.

um estado que inspira e alegra como o Criador. É o desejo inicial de Deus para sua Criação e todas as suas criaturas.

Todavia, como falar de plenitude em um mundo permeado por tantas fragmentações e desigualdades? Sempre que abandonamos alianças, machucamos pessoas e violentamos a nós mesmos, trilhamos o caminho oposto ao da promoção da integridade e da instauração do reino. Não há como sermos promotores de saúde, justiça e paz sem pensar no acesso integral das pessoas a seus direitos básicos, sem reconhecer que toda vida humana é digna e criada à imagem e semelhança do Criador, sem nos dar conta de que estamos todos conectados e recebemos a instrução de amar e cuidar. O conceito de *shalom*, apesar de ter uma conotação escatológica, relacionada ao fim dos tempos, deve constituir um paradigma fundamental sobre o qual construímos nossa caminhada com Deus e com o próximo no projeto redentor e transformador do reino de Deus.

O desejo de Deus para a humanidade é uma vida plena dentro do mundo criado no qual todos os recursos foram fornecidos; todavia, por causa da realidade do pecado em nosso coração e de nosso afastamento de Deus ao longo da história, usurpamo-nos da terra e abusamos dela e uns dos outros. O pecado promove violência, injustiça, opressão, exclusão, indo na direção contrária do desejo divino de *shalom* para a humanidade e toda a Criação. Precisamos diariamente de um caminho de arrependimento e de transformação da mente e do coração. Quando pensamos no conceito de saúde, portanto, devemos levar em consideração também a questão do ambiente em que estamos inseridos. Somos integrados à Criação, o ambiente não é algo para além de nós. Não podemos definir o conceito de saúde reduzindo-o à ausência de doença; antes, devemos qualificá-lo como o desejo de Deus para que o ser humano se desenvolva e para que toda a Criação seja frutífera e bem cuidada.

Isolar o corpo desse processo tão somente o desvaloriza, bem como desvaloriza a própria Criação. As narrativas de competição e exploração ao longo da história se deram em torno das lutas pela dominação dos corpos, seja de escravos, trabalhadores, mulheres, animais ou da própria natureza. Criamos, dessa forma, um padrão relacional de competição, e não de colaboração. Essa visão de mundo equivocada, que não o enxerga como uma comunidade ecológica, degrada o corpo e o põe em conflito com a Criação mais ampla. Sem a perspectiva de que somos membros uns dos outros, entramos em guerra com o próprio corpo. Um dos aspectos da ressurreição do corpo em vida diz respeito a essa proposta bíblica de mutualidade, de unidade, de resgate das interações, da realidade de que pertencemos uns aos outros e à Criação de forma intrínseca.

Observemos o local onde estamos inseridos, o contexto latino-americano e seus desafios de opressão, injustiça social, tantos sinais de morte que desafiam o *shalom*. Como discípulos de Jesus servindo ao Pai neste contexto, devemos ser protagonistas no resgate do desejo inicial de Deus para a humanidade promovendo a vida e caminhando na direção do *shalom*, da restauração de toda a Criação, o que inclui ações para a promoção de saúde física, mental e ecológica. O seguidor de Jesus deve ser pioneiro no sentido de instigar essas reflexões e práticas, pois a realidade do Deus encarnado e ressurreto reafirma o valor de toda a humanidade criada.[11]

Wendell Berry observa:

---

[11] Ver DeBorst, "Songs of Hope Out of a Crying Land", in Greenan e Green (orgs.), *Global Theology in Evangelical Perspective*, p. 98-99.

Se quisermos corrigir os abusos que temos praticado uns contra os outros, contra outras raças e contra a Terra, e se nosso empenho em corrigir tais abusos for mais que um capricho político que, no longo prazo, será uma outra forma de abuso, precisaremos ir além de nossos protestos públicos e ações políticas. [...] Precisamos de melhores governantes, sem dúvida. Mas também precisamos de melhores mentes, melhores amizades, melhores casamentos, melhores comunidades.[12]

A salvação de Deus produz em nós um novo jeito de viver. Cuidar do próximo, servir às pessoas, distribuir recursos a fim de promover bem-estar, respeitar a natureza e a vida humana constituem formas cruciais de amar a Deus e testificar, como Corpo de Cristo, da ação de Deus neste mundo.

Trata-se, em outras palavras, de um movimento de conversão interna e de serviço e testemunho na sociedade, através de ações de socorro e misericórdia, de preservação da natureza, de cooperação para que os recursos que Deus nos confiou cheguem a todos. Em suma, que sejamos de fato um sinal do reino de Deus. Uma utopia, muitos argumentariam. Mas no coração de Deus há um desejo de *shalom*, de saúde, justiça e paz para todos, e é nessa direção que caminhamos.

Historicamente, a igreja cristã tem enfatizado a "salvação das almas", reforçando por vezes uma visão desencarnada e que negligencia o mundo material. Como nos lembra Analzira Nascimento, nosso paradigma de missiologia de forma geral acentuou a narrativa de subjugar povos enquanto oferecia a promessa de salvação para as pessoas, afastando a igreja cristã da vida pública.[13]

---

[12] Berry, "Think Little", in *What I Stand On*, vol. I, p. 140.
[13] Nascimento, *Evangelização ou colonização*.

Faz parte de nossa vocação e missão nos reconhecermos como criaturas e compreendermos a necessidade de nossa salvação pessoal e individual. Todavia, não devemos perder a perspectiva mais ampla de cuidado com a Criação. Convém reafirmarmos nosso protagonismo no cuidado com esta casa comum em que habitamos e que também carece de restauração. Nessa perspectiva do *shalom*, conhecemos mais do coração de Deus e de seu caráter, o que nos propõe um caminho de espiritualidade cristã integrada ao próprio Deus e àqueles de nossa comunidade de fé, mas que se estende também à cidade onde estamos, às pessoas com quem nos relacionamos, envidando esforços por justiça e paz.

Com frequência, nós cristãos somos questionados a respeito daqueles religiosos em nosso meio que se envolvem na usurpação de direitos, em projetos de poder, em práticas de exclusão. A Palavra de Deus, contudo, nos diz: "A religião pura e verdadeira aos olhos de Deus, o Pai, é esta: cuidar dos órfãos e das viúvas em suas dificuldades e não se deixar corromper pelo mundo" (Tg 1.27). Isto é, uma experiência de serviço ao próximo, de olhar atento para o outro, de amadurecimento espiritual e santificação, conforme vamos testemunhando da transformação de Deus em nós pelo Espírito Santo de forma encarnada, corpórea, concreta. O coração de Deus, revelado a nós na pessoa de Jesus, quer promover justiça e paz de maneira amorosa e ampla, e por isso nos chama ao arrependimento e a um novo jeito de caminhar.

Como seres encarnados, reconhecemos nossas limitações, nossa alienação de Deus, nosso desejo de usurpar e conquistar, nossos caminhos de competição e rivalidade, e em arrependimento sincero buscamos nos reconectar com o Criador, doador de toda vida, que desde o princípio nos desejou uma vida plena. A compreensão do conceito de justiça de Deus, então, inclui não só a punição por nossa condição de pecadores, mas também o processo de arrependimento dessa condição e nossa reconexão com Deus, resultando em vida restaurada, vida plena oferecida por meio da graça divina.

Consequentemente, como sinal do *shalom*, nossa vida e nossas comunidades devem promover acolhimento e restauração pessoal e relacional, bem como restauração social.

Conversão, maturidade e saúde emocional

O encontro com Jesus e o relacionamento que se segue desse encontro nos impacta de maneira profunda, com implicações em nosso modo de pensar, sentir e viver, em relação às pessoas e à Criação. Assim, celebramos quando alcançamos grandes números nas reuniões de nossas comunidades, sobretudo o de "novos convertidos" que, tendo tomado sua decisão pelo evangelho, passam a integrar o "rol de membros" da comunidade.

Com o tempo, porém, notamos que muitos tornaram-se "adeptos", e não discípulos engajados no processo transformador e frutífero da conversão, santificação e participação no Corpo de Cristo. De forma geral, damos mais ênfase ao processo de "nascimento" em Cristo e menos ao processo de "amadurecimento e crescimento", quando ambos são aspectos importantes de nossa jornada de fé. Por isso a importante indagação de Henri Nouwen: "Será que nossas comunidades cristãs não têm sido, basicamente, um agrupamento de pessoas bem-intencionadas encorajando umas às outras a perseguir seus interesses individuais?".[14]

[14] NOUWEN, *Clowning in Rome*, p. 9.

Há uma necessidade urgente de discipulado intencional. Muitas vezes, dedicamo-nos a preencher a agenda daqueles que chegam a nossas comunidades com programações e eventos que pouco ou nada têm a ver com a caminhada cristã diária, que se propõe ser relacional com Deus e uns com os outros. É preciso atenção para não alimentar a superficialidade. Precisamos incentivar e nutrir a vida compartilhada, o coração aberto, o terreno para transformações profundas e longitudinais. Nossas comunidades estão cheias, mas nem sempre enxergamos pessoas em crescimento, em mudança de vida. A experiência da conversão propõe justamente um novo caminho, de restauração, redenção, libertação do mal, um recomeço na companhia de Deus e na comunidade. E isso se dá de forma integrada e encarnada.

Uma das metáforas bíblicas para a experiência de conversão é a transformação do coração. "Eu lhes darei um novo coração e colocarei em vocês um novo espírito", disse Deus por meio do profeta Ezequiel. "Removerei seu coração de pedra e lhes darei coração de carne" (Ez 36.26). Essa experiência de percepção mais intensa de nossas emoções e sentimentos nos faz mais sensíveis e vulneráveis aos sofrimentos à nossa volta, para discernir a maldade presente no mundo e para nos desafiar à integração. Existe uma conexão nítida entre saúde emocional e maturidade espiritual. Não nos tornaremos maduros espiritualmente se não passarmos também por um processo de amadurecimento emocional.

No campo das emoções, sabemos que são multifatoriais as influências que recebemos na formação de quem somos, como fatores genéticos e de personalidade, experiências vividas, ambiente de criação, entre outros. Tampouco podemos nos isentar de nossa responsabilidade e de nosso papel ativo no processo de amadurecimento. Nossa geração, além de individualista e narcisista, padece cada vez mais de uma infantilização nas emoções e na experiência de fé.

Em seu livro *A sociedade dos filhos órfãos*, o autor argentino Sergio Sinay aborda o caso de órfãos que têm pai e mãe, mas que são expostos a uma orfandade emocional, os chamados "órfãos funcionais". Tais indivíduos

> recebem bens materiais, desconhecem ou têm pouco contato com a impossibilidade, a frustração e a perda; enfrentam poucos limites, que com frequência são frouxos e ambíguos; estão cercados de adultos que se comportam como eles e que os imitam, adultos que em sua vida pública e social podem ser bem-sucedidos, poderosos e respeitados, invejados, mas que se negam a ser, além de adultos, maduros. Tentam fugir do tempo, se mimetizam com as crianças e adolescentes, têm horror à responsabilidade de criá-los, educá-los, guiá-los, limitá-los e dar-lhes ordens. Adultos que se drogam com todo o tipo de bens, atividades, fármacos, exercícios pseudoespirituais e terapias pasteurizadas com o objetivo de não passar pela experiência necessária, profunda e às vezes incômoda (quando não dolorosa) de abandonar a própria adolescência e encontrar o sentido único e intransferível de suas vidas.[15]

Também Ricardo Barbosa de Sousa observa que "a infantilidade espiritual é uma marca da espiritualidade secularizada da cultura materialista e pragmática". Para ele, muitos, senão a maioria, dos cristãos pós-modernos são bem informados, habilidosos no uso dos recursos tecnológicos, funcionais e pragmáticos no exercício de seus ministérios, "mas não são, necessariamente, santos, sábios e maduros em Cristo. São

---

[15] SINAY, *A sociedade dos filhos órfãos*, p. 11.

emocionalmente instáveis, confusos, inseguros, ansiosos, frustrados e carentes".[16]

Anselm Grün, por sua vez, aponta que, quando as pessoas não trilham um caminho de humanização conectado com a experiência de espiritualidade, reforça-se nelas uma postura infantil, de egocentrismo, em que se escondem atrás da figura de Deus e transmitem aos outros essa fragilidade de fé, que não as torna participantes maduros na relação com Deus e também as anestesia para os demais ao redor. Em outras palavras, "giram em torno de si mesmos, não têm um senso para as pessoas e suas carências. São insensíveis às questões do nosso tempo". Segundo Grün, "para que a nossa espiritualidade toque também os outros e desperte neles o seu anseio espiritual, é preciso ligar a maturidade humana e espiritual".[17]

Nossa espiritualidade e caminhada de fé precisam ser integradas, no sentido de unir mente e coração nessa transformação e crescimento. Precisamos dar-nos conta da equivocada dicotomia prática que vivemos e buscar intencionalmente corrigir a rota, integrando essas realidades aparentemente, mas só aparentemente, indissociáveis. Nossos afetos e sentimentos podem ser identificados e tratados à luz de Cristo, para que nossas emoções passem pelo processo de redenção e cura.

No processo da conversão, deparamos com diversos componentes de crescimento e maturidade espiritual, como a crença e a convicção, o arrependimento, a confiança e a certeza do perdão, o compromisso e a aliança com Deus, o batismo, a ação do Espírito Santo e nossa comunhão na comunidade cristã. Na conversão de nosso coração e mente a Cristo, há profunda mudança

---

[16] SOUSA, *Pensamentos transformados, emoções redimidas*, p. 20.
[17] GRÜN, *Ser uma pessoa inteira*, p. 34.

e reorientação de pensamentos e emoções, e também o desenvolvimento de maior clareza de compreensão diante da verdade que nos liberta, nos confronta, nos acolhe, e nos faz crescer
para que nos tornemos mais parecidos com Jesus. A experiência da conversão não pode ser confundida com uma simples
reforma de conduta, e sim como novo nascimento, transformação profunda das pequenas e grandes coisas, das ações, das
escolhas, dos significados, tudo isso pautado em nossa identidade em Cristo. Isso inclui, certamente, a forma como compreendemos nossa saúde e as experiências vividas no corpo.

No amor de Deus, enraizados na identidade de filhos
amados do Pai, tocados pelo Espírito Santo, damos passos
na direção do amadurecimento espiritual em nossa jornada
de fé. Na liberdade desse amor, somos curados de nossas feridas, agraciados com dons e comissionados para desencadear
transformações comunitárias e sociais, sob a direção e orientação do Deus trino.

Eugene Peterson pontuou que tais processos de crescimento, que levam tempo, são recebidos com impaciência pela
cultura que nos rodeia. Temos baixa tolerância à frustração e
não nos submetemos de bom grado às condições nas quais
uma semente pode crescer, aqueles lugares silenciosos, por
vezes escuros, avessos ao controle e à administração humana.
Dessa forma, tendemos a nos adaptar aos padrões culturais e
suas propostas de crescimento: permanecemos falantes, ocu-
pados, controladores, obcecados com a imagem.[18] É preciso
discernir com Deus os processos de crescimento.

Deus deseja que sejamos sinceros, transparentes, no-
meando a realidade para que, com humildade, reconheçamos

---

[18] Peterson, *Practice Resurrection*, p. 6.

diante dele nossos pensamentos e emoções mais íntimos. Olhando para ele, conseguimos olhar para nós mesmos com graça, e somos fortalecidos para caminhar na direção do crescimento espiritual. É o "Espírito da verdade" que nos conduzirá (Jo 16.13).[19]

O processo de conversão, portanto, diz respeito a um constante refletir, questionar, confiar, confrontar, lidar com sentimentos de vergonha, de culpa, de fragilidade, e olhar para Jesus Cristo relembrando o significado real de ser amado por Deus, de amar o próximo e a si mesmo, bem como o sentido de nossa identidade e missão. Tudo isso proporciona um caminho de saúde emocional e vida, ainda que, na jornada neste mundo que jaz no maligno, estejamos sujeitos a lidar com tantos sinais de morte. Confiamos, porém, que Deus já venceu o mal, e seguimos adiante em esperança viva.

Em nossa vida encarnada e como seres em relação, precisamos lembrar que nossas escolhas nos afetam bem como afetam os que estão ao nosso redor. No processo de amadurecimento emocional e espiritual, temos um caminho de discernimento a seguir. Discernimento e sabedoria andam juntos. O próprio Deus nos concede sabedoria quando lhe pedimos e caminhamos com ele (Tg 1.5). A sabedoria é necessária para nossos processos de discernimento, um termo que caiu em desuso

---

[19] Um livro bíblico que contribui para essa questão é 1João, em que o apóstolo ressalta a importância do apego à verdade e da prática do amor, no contexto em que a graça de Deus revelada em Jesus sustenta a identidade e a prática do cristão. A ênfase está na materialidade do corpo de Jesus, pois João naquele momento está combatendo a heresia do docetismo, que negava a realidade da encarnação. O docetismo, então, produziu uma espiritualidade fragmentada, esvaziada de amor e elitista. Em 1João, são abordadas também as questões da maturidade cristã e de uma espiritualidade mais amorosa, encarnada e robusta.

ao longo dos anos com nossa importação de técnicas e teorias que se propõem resolver de maneira rápida e quase mágica os dilemas de nosso cotidiano. Não é preciso esperar muito, porém, para constatar que muitas dessas técnicas e teorias não frutificam em caminhos de sabedoria e paz.

Sobre o discernimento, o teólogo Gordon T. Smith argumenta que não é possível aprendê-lo como uma técnica, uma vez que ele não pode ser objetificado. É preciso praticá-lo e experimentá-lo, como um processo:

> Discernimento é uma arte. [...] Deus não responde às orações como uma máquina na qual apertamos um botão. Nem nós respondemos assim. Discernimos conforme crescemos em sabedoria. O discernimento em si é um processo. Não há nada tão fundamental no discernimento espiritual quanto o simples princípio de que discernir e fazer boas escolhas é um processo que leva tempo e que precisamos abordar nossas escolhas de maneira intencional, metódica e na companhia de Deus. Discernir com cuidado é uma forma de amar a Deus, a si mesmo e aos outros. Nossas vidas são importantes e nossas decisões afetam a nossa vida e daqueles que estão à nossa volta. Observe, escute, ore, respeite o tempo da arte de discernir.[20]

Qual a motivação quando buscamos ajuda para tomar nossas decisões ou para sair de situações difíceis? O que buscamos em nosso caminho comunitário e individual? Estamos sendo egoístas em nossa vida comunitária, como questionou Nouwen, ou de fato estamos em uma caminhada de crescimento e aperfeiçoamento no discipulado, buscando a semelhança com Cristo? O objetivo deve ser sempre o aprofundamento

---

[20] Smith, *Listening to God in Times of Choice*, p. 69.

de nosso relacionamento com Deus, a fim de agradá-lo e de crescer em maturidade. A alegria e a paz pessoal são subprodutos, dádivas dessa relação, e não o alvo em si.

Obediência, permanência, amor, alegria plena. Esse é o caminho da maturidade, que nos torna mais sábios diante dos desafios e nos põe na companhia de Cristo, mesmo nos sofrimentos, mesmo nos desertos, para que cada vez mais nos aprofundemos em seu caráter ao longo da caminhada.

2

Práticas individuais e comunitárias

....

É melhor serem dois que um, pois um ajuda o outro a alcançar o sucesso. Se um cair, o outro ajuda a levantar-se. Mas quem cai sem ter quem o ajude está em sérios apuros. Da mesma forma, duas pessoas que se deitam juntas aquecem uma à outra. Mas como fazer para se aquecer sozinho? Sozinha a pessoa corre o risco de ser atacada e vencida, mas duas pessoas juntas podem se defender melhor. Se houver três, melhor ainda, pois uma corda trançada com três fios não arrebenta facilmente.

ECLESIASTES 4.9-12

Não é certamente por acaso que os evangelhos acumulam tanto relatos de cura, que insistem tão fortemente nas narrativas de encontro, detalhando o interesse de Jesus por instaurar e/ou refazer uma relação em que o toque, o diálogo, a proximidade física, a partilha da mesa ou do espaço mais íntimo são mediações preferenciais. Como tal, só tem efetivo sentido para Jesus as expressões compatíveis com o anúncio que presentifica o Reino de Deus [...] no corpo ferido, na carne vulnerável, na vida exposta.

JOSÉ TOLENTINO MENDONÇA[1]

....

---

[1] MENDONÇA, "Não sabeis que o vosso corpo é templo (1 Cor 6:19) — Equívocos e vantagens de uma metáfora paulina", in DE MORI e BUARQUE (org.), *Escritas do crer no corpo*, p. 76.

As comunidades cristãs, como Corpo de Cristo, necessitam expandir seu entendimento sobre os desafios pastorais relacionados à saúde e às experiências do corpo, como nascimento, doenças, deficiências, maternidade e paternidade, abuso de substâncias, envelhecimento e morte. Essa compreensão mais ampla possibilita que os cristãos se envolvam em diferentes áreas do conhecimento com o objetivo de melhorar a saúde da comunidade. Não se trata de substituir o papel de instituições governamentais voltadas para o cuidado, nem de descaracterizar o papel da igreja em sua dimensão espiritual, transcendente, de adoração e comunhão. Trata-se, isto sim, de trabalhar naquilo que lhe diz respeito a partir do processo de conversão e amadurecimento espiritual e de estar sensível à necessidade de convocar parceiros de outros âmbitos da sociedade nesse cuidado quando necessário. Deus derramou sobre nós conhecimento e discernimento, e devemos colocá-los a serviço da comunidade de fé bem como da sociedade mais ampla.

Nesse aspecto, a busca por um "corpo saudável" também se relaciona com a comunidade cristã como Corpo. Com efeito, não se pode negar o potencial que a comunidade de fé tem de causar danos e adoecimentos, uma vez que é constituída por seres humanos imperfeitos geradores de conflitos, rompimentos e feridas. Mas o contrário também é verdadeiro. A comunidade cristã tem um potencial amplo e por vezes inexplorado para ser o espaço em que a saúde é promovida e preservada. Nela podemos encontrar acolhimento para nossas fragilidades, no reconhecimento de que as angústias e as dores fazem parte da experiência humana, até mesmo da experiência comunitária da fé. Isso significa que a comunidade cristã deve abraçar a promoção da saúde e persistir no cuidado daqueles que são atingidos por injustiças e opressões. A dinâmica social da comunidade é uma dimensão rica na contribuição de nossa jornada de crescimento e saúde.

Podemos descrever comunidade como um agrupamento de pessoas que vivem e trabalham em relação umas com as outras a partir de uma perspectiva comum. Dessa definição primária podemos inferir alguns componentes essenciais de uma comunidade. O conceito de lugar está presente, como o ambiente no qual se dá o relacionamento entre pessoas que têm uma visão, missão ou direção comum. Sobre esse tema, o psicólogo e pastor canadense Rod Wilson apresenta a ressalva de que, embora comunidade seja usualmente um termo descrito para se referir a um lugar em que essa interação social e os laços em torno de algo comum acontecem, a conexão e o sentido de pertencimento não estão necessariamente presentes na experiência de todos.[2]

Em seu relato sobre a saúde e a comunidade, Berry afirma que o corpo apresenta a realidade do mistério, das limitações e possibilidades, e que a afirmação de que a liberdade humana confere total liberdade corporal é uma falácia, porque dependemos de Deus, dependemos de outras pessoas e da natureza.[3] Nosso próprio corpo possui limites concretos. Isso destaca a natureza relacional dos seres humanos e sua necessidade inerente de participar da vida uns dos outros, o que reforça a importância da interdependência como um aspecto de nosso processo de saúde. Essa perspectiva de interdependência reafirma o entendimento comum de que, para descrever a comunidade, há que se encontrar um sentimento de pertencimento e de compromisso que cada pessoa tem uma com a outra, com base em uma dimensão comum e compartilhada.

---

[2] WILSON, *Counseling and Community*, p. 3.
[3] BERRY, *Another Turn of the Crank*, p. 43.

O pecado e a independência fomentaram nossa alienação de Deus e uns dos outros, e Deus deseja restaurar-nos mediante seu Espírito, restauração essa que nos afasta da desintegração e nos leva em direção a uma integração que podemos também chamar de saúde. Nosso paradigma para o desenvolvimento de relacionamentos deve ser a compreensão do Deus Trino como uma comunidade relacional, vivida na interdependência e na reciprocidade amorosa. O cristianismo pode ser descrito também como um chamado para o relacionamento.

Somos parte da Criação, situados em um contexto histórico e social, vivendo em um lugar e durante um tempo de forma encarnada, e foi-nos dada a responsabilidade de cuidar do que e de quem está à nossa volta, o que inclui nossas relações de comunidade, a família e a sociedade mais ampla. Como seguidores de Cristo, somos convidados a um relacionamento com ele, que nos diz:

> Já não os chamo de escravos, pois o senhor não faz confidências a seus escravos. Agora vocês são meus amigos, pois eu lhes disse tudo o que o Pai me disse. Vocês não me escolheram, mas eu os escolhi. Eu os chamei para irem e produzirem frutos duradouros, para que o Pai lhes dê tudo o que pedirem em meu nome. Este é o meu mandamento: Amem uns aos outros.
>
> João 15.15-17

É de suma importância reconhecer a necessidade de integrar o mandamento para amar a Deus de todo o nosso coração e o mandamento para amar o próximo como a si mesmo. A consciência de que a amizade de Deus para nós é uma dádiva define a prerrogativa de todas as outras relações a serem estabelecidas em comunidade. Assim como a amizade de Deus para nós é graça, aquelas pessoas que Deus nos dá como presentes em amizade também são graça para nós.

O modelo de interdependência é retratado na vida da Trindade e foi vivido por Jesus no mundo ao encontrar pessoas. Jesus vivia entre amigos e em comunidade. Por nossa vez, em nosso relacionamento com Jesus, somos constantemente desafiados e transformados. Diante dele, a consciência de nossas vulnerabilidades nos confronta com a necessidade de uma vida de humildade. É preciso reconhecer que somos seres dependentes que carecem da graça de Deus, e esse reconhecimento nos ensina a abrir mão de nosso anseio por isolamento e independência.

Interdependência, integração e saúde

No que se refere à tensão entre dependência e independência, as Escrituras mostram que, na pessoa de Cristo, Deus nos ensinou que a dependência tem uma dimensão que precisa ser abraçada e que não afeta nosso estado de dignidade como pessoas. Fomos criados para a interdependência. Existe uma estreita conexão entre nosso aprendizado e crescimento e a maneira como desenvolvemos os relacionamentos. Educação e saúde estão conectados e podem ser aprofundados no contexto da comunidade.

Uma das principais dificuldades no estabelecimento de relações autênticas, transparentes e significativas é a existência do pecado em nosso coração, que conduz ao desejo de completa independência e individualismo radical. Esse desejo prejudica nossa capacidade de abrir o coração para Deus e para os outros, à medida que nos limitamos a nosso próprio conhecimento sobre quem somos e sobre quem Deus é, sem a perspectiva mais ampla que o outro pode oferecer e trazer para nossa vida.

A cultura mais ampla no mundo também fala direta ou veladamente contra a dedicação a relacionamentos profundos e significativos. Somos ensinados a viver de forma enfaticamente autônoma e independente. Em vez de compartilhar vulnerabilidades e fraquezas e envolver-nos em processos de crescimento e cura, somos incentivados a ocultar as fraquezas da melhor maneira possível, impedindo novas interferências em outras áreas de nossa vida. Ao longo de nosso desenvolvimento como pessoas, aprendemos a temer o desconhecido, e ao fazê-lo ignoramos as contribuições e as perspectivas que os relacionamentos podem nos trazer, desafiando-nos para mudança e crescimento.

Como base para a interdependência saudável, o exercício fundamental do autoconhecimento e do conhecimento de Deus nos proporciona um aprofundamento em maturidade que se reflete em bênçãos para a comunidade como um todo. Wendell Berry afirma que "quanto mais coerente alguém se torna dentro de si mesmo como criatura, mais plenamente entra na comunhão de todas as criaturas".[4] Quando a autoconsciência e o autoconhecimento são nutridos à luz do que Deus imaginou para nós como seres humanos, relacionamo-nos com os outros com mais humildade e uma noção mais realista das limitações e possibilidades. Com isso, entendemos que o autoconhecimento, o conhecimento de Deus e o conhecimento do próximo estão integrados e são essenciais para a totalidade da existência.

Essa percepção de limitações e possibilidades é o que pauta o desenvolvimento de relacionamentos saudáveis ou nocivos. Muitas pessoas vivem na comunidade sobrecarregadas de expectativas e culpas por não serem o que acham que deveriam

---

[4] BERRY, *What Are People For?*, p. 9.

ser. Embora uma comunidade ideal não exista, o espaço da comunidade tem potencial para ser um local onde as pessoas entendem que são aceitas apesar de suas fraquezas e limitações e onde seus dons e possibilidades são incentivados ao longo do caminho para se tornarem mais parecidas com Jesus. Isso se dá por meio de seus encontros regulares e intencionais, de sua configuração física e do propósito comum no momento de celebração, proporcionando oportunidades de promoção da saúde em nível individual e comunitário.

A vida conjunta da comunidade cristã é um sinal do Deus redentor agindo neste mundo, oferecendo caminhos de vida mediante a obra do Espírito Santo em nosso meio. Nós, cristãos, não somos super-heróis ou seres idealizados, mas a humanidade sendo transformada e restaurada. Somos uma comunidade de pessoas que se relacionam com parâmetros de convicções em comum, que têm práticas e linguagem comuns que nos foram transmitidas ao longo dos séculos. Somos chamados a ser a comunidade visível de Deus presente no mundo como um sinal da promessa e do amor de Deus.

As disciplinas espirituais

As práticas na comunidade podem promover a saúde envolvendo pessoas e fazendo máximo proveito dos recursos sociais que a comunidade tem a oferecer. Mais uma vez, para fins didáticos, a abordagem distintiva entre aspectos físicos, mentais e espirituais da saúde será mencionada. Nossos processos de cuidado e cura acontecem no encontro: com Deus e com o outro. Em relação a essas práticas, o autor Richard Foster usa o termo *disciplinas espirituais* para sugerir um compromisso intencional e constante presente nestas atividades. A igreja precisa se enxergar como um corpo que, assim como o corpo físico, também necessita ser disciplinado, com práticas que promovam saúde, santificação e santidade, isto é, com hábitos de vida que nos mantenham focados aos propósitos e à missão para os quais fomos criados.

A ideia de disciplinas ou práticas aqui expressas não visa indicar que a salvação vem por meio dessas ações, mas sim que elas são formas de vivência e experimentação da graça. A transformação que o Espírito Santo opera no coração humano terá como resultado uma mudança de mente e coração que dirigirá o povo de Deus no caminho da integridade e da santidade.

A dedicação intencional a tais práticas significa o desejo de consagração e preservação da vida, dentro dos limites da vida humana, da soberania de Deus e do mistério inerente à existência. Essas práticas de fé nos permitem viver desafiando contraculturalmente os conceitos de autossuficiência, autoconfiança e autoabsorção, direcionando-nos à integridade e à santidade como povo de Deus. Como afirma J. I. Packer, "santificar ou consagrar significa separar com atenção algo ou alguém para Deus. É algo relacional e exige posicionamento".[5]

Para corroborar a ideia de que essas práticas têm uma dimensão individual e comunitária e não podem ser desencarnadas, Foster sugere que as disciplinas podem ser divididas em dois grupos: as de abstinência e as de engajamento. As disciplinas de *abstinência* são aquelas praticadas pelo indivíduo no contexto de solitude com Deus, como o silêncio, o jejum, a frugalidade, a castidade, o sigilo e o sacrifício. As de *engajamento* são aquelas que envolvem interação com outros membros da

---

[5] PACKER, *God's Plans for You*, p. 127.

comunidade e com Deus, como o culto, a celebração, o serviço, a comunhão, a oração, a confissão e a submissão.[6]

Diferentes autores têm argumentado acerca da contribuição benéfica da comunidade para o crescimento e a cura, para a expansão do ensino bíblico do papel fundamental dos diferentes membros do Corpo de Cristo uns para os outros e para o reino de Deus. Um dos livros mais importantes para essa compreensão e cuja leitura considero indispensável foi escrito por Dietrich Bonhoeffer, em 1939. A mensagem de *Vida em comunhão* é mais que atual num mundo fraturado que exalta o individualismo e a independência.[7]

Bonhoeffer nos lembra magistralmente do dom de Deus para nós que é a alegria de viver como uma comunidade espiritual de seres humanos encarnados no mundo, aptos a oferecer amor, consolo e companhia mútua na caminhada, uma oferta de amor que deve se expandir para além da comunidade cristã, permeando toda a sociedade a partir da pessoa de Jesus, que é a encarnação desse amor. O teólogo alemão afirma a realidade da fé cristã como pessoal, mas não privada, e a importância de participar da comunidade visível na presença física de outros cristãos, comunidade que pode ser encontrada em qualquer lugar do mundo porque é o único Corpo de Cristo. A vida de fé não pode ser experimentada em isolamento, pois a vida no Espírito é uma vida de amor e liberdade para ser compartilhada. Nossa resposta a esse dom de Deus é viver em obediência a Cristo por meio do amor e da ação de graças. Engajar-se em um projeto de vida que promove compromisso e saúde

---

[6] FOSTER, *The Spirit of Disciplines*, p. 159.
[7] BONHOEFFER, *Vida em comunhão*.

para o todo, e não apenas para o indivíduo, é verdadeiramente um chamado contracultural também em nossos dias.

A geração atual se debate com construções individualistas e questões sobre o sentido da existência, questões essas que precisam ser abordadas de forma responsável e intencional. Na realidade de tantas comunidades cristãs hoje, observamos uma falta de incentivo para práticas devocionais, que acabaram sendo substituídas por meros discursos de autoajuda, por abordagens psicológicas e terapêuticas incompletas ou complementares. (Há muitas críticas que contrapõem abordagens "terapêuticas" da igreja em detrimento de abordagens "bíblicas". A etimologia da palavra *terapêutica* aponta para uma arte que promove cuidado e cura. Nesse sentido, a Palavra de Deus e nossa vida em comunidade são terapêuticas em sua promoção de cuidado e transformação, mediante o Espírito Santo e os laços de afeto.)

Por outro lado, a proliferação disso que estou chamando de abordagens complementares gerou na comunidade de fé um receio em dialogar com esferas da ciência, o que resulta no reducionismo e até no negacionismo de algumas contribuições importantes oferecidas por essas outras áreas do conhecimento. É possível realizar esse diálogo concedendo espaço para abordagens interdisciplinares, contrapondo o que for necessário e tendo por base a visão bíblica do que é o ser humano, do que Deus nos criou para ser, de onde estamos inseridos, e assim por diante. Jesus Cristo permanece sendo nosso critério supremo, mas não podemos desprezar a riqueza que a ciência também nos acrescenta, e fazemos esse diálogo com sabedoria e discernimento, pondo tudo à prova e retendo "o que é bom" (1Ts 5.21).

Para a reflexão sobre a integração das dimensões espirituais, físicas e psíquicas na saúde, Bonhoeffer contribui ao

apontar que a fé é vista como uma jornada, em que o crescimento significa a existência de um movimento com um ponto
de partida e com um destino que é resultado de eventos pontuais e de interações entre pessoas e o ambiente em que estão
inseridas. Isso significa que a vida de fé é dinâmica porque
ocorre no Espírito Santo ("o vento", Jo 3.8), e esse crescimento
pode ocorrer na unidade de todo o Corpo de Cristo. Jesus
Cristo é a unidade da comunidade cristã, aquele que possibilita o acesso de uma pessoa à outra e que nos presenteia com a
alegria da vida em comunhão.

As práticas que Bonhoeffer sugere não podem ser divididas entre espiritual, física e psicológica, pois são uma integração desses aspectos, de forma encarnada. Ele caracteriza
algumas dessas práticas: o dia em comunhão, o dia em solitude, o serviço, a confissão, a Ceia do Senhor. Essas práticas se
dão através do corpo, dos sentidos, do encontro. São dinâmicas da vida que incluem espírito, mente e corpo, incentivando
tanto a relação individual de pessoas a Deus bem como práticas comunitárias que promoverão espaço para o crescimento
e a saúde. Ler as Escrituras, cantar, orar e partir o pão são atos
conjuntos que nos levam para além de uma vida de autoabsorção e nos lembram de que a vida com Deus não foi proposta
como uma vida fragmentada, mas sim como um abraço holístico e amplo, na convicção de que Deus está trabalhando em
nossa vida, em qualquer momento e em qualquer lugar, e ele
é mais do que capaz de nos restaurar em nossa humanidade.

A Eucaristia, o sacramento da Ceia do Senhor, é um momento riquíssimo na vida encarnada da comunidade como
Corpo de Cristo, na memória do corpo partido de Jesus e sua
ressurreição. É um rememorar constante que reacende em
nossa memória a esperança e a certeza de que somos amados,

filhos de um Pai que se doa por nós, uma experiência que nutre nosso amor por Deus e uns pelos outros pois nos aponta um caminho de vida. "A morte e a ressurreição são sinais de que não há nada em nossa vida que não possa ser transformado", observa Anselm Grün. "Em cada Eucaristia, celebramos que a nossa vida dá certo quando atravessamos todas as rupturas, todos os fracassos, todas as trevas e toda a morte, de modo que, repetidamente, ressuscitamos com Cristo do túmulo do nosso medo e resignação, da nossa solidão e depressão, para a amplitude e liberdade da vida divina."[8]

Da solidão à comunhão

Em nossos dias, a realidade da solidão e do isolamento se faz presente de forma marcante. Em minha prática clínica e pastoral, ouço diariamente pessoas que sofrem por dizerem não ter uma amizade sincera e que buscam se desenvolver na arte de se relacionar a fim de construir sólidos laços de amizade. A experiência da solitude, contudo, é diferente da solidão. Na solitude nós nos encontramos com Deus em um tempo de silêncio dedicado à meditação das Escrituras, à oração e à intercessão. Nesse encontro, procuramos descansar o coração no exercício de abandonar as ansiedades e a ilusão de que podemos preencher nosso vazio interior com coisas ou pessoas. Apresentamos a Deus nossos pensamentos e orações, e nesse encontro ouvimos atentamente o nosso coração e a voz do Pai.

A realidade da solidão, em contrapartida, pode ter um gosto de morte e até acarretar adoecimentos. Daí a advertência de Bonhoffer:

[8] Grün, *Ser uma pessoa inteira*, p. 121.

Aquele que não pode estar sozinho, tome cuidado com a comunidade. Aquele que não está em comunidade, cuidado com o estar sozinho. [...]. Cada uma dessas situações tem, de si mesma, profundas ciladas e perigos. Quem desejar a comunhão sem solitude mergulha no vazio de palavras e sentimentos, e quem busca a solitude sem comunhão perece no abismo da vaidade, da autoenfatuação e do desespero.[9]

A prática da solitude proporciona também um aprofundamento de nosso encontro e participação na vida da comunidade. A experiência da intercessão, por exemplo, tantas vezes negligenciada, é também uma fonte de alegria para a vida dos discípulos de Jesus. Ouço constantemente que quando se convoca a comunidade para algum "evento" com muitas "atrações", espaços lotam, mas reuniões de oração não costumam ser os encontros mais populares da dinâmica comunitária. Que sintoma e sinal alarmante para nossa vida espiritual pessoal e comunitária! No entanto, na hora da dificuldade, buscamos a intercessão. Henri Nouwen nos lembra de que a intercessão é um caminho para uma vida de mãos abertas, na qual apresentamos as fragilidades sem nos envergonharmos delas, pois é nesse caminho que podemos ser guiados e ajudados por Deus e pelos outros, sem nos agarrarmos de forma tóxica àquilo que nos fere e nos desumaniza.[10]

Oração e intercessão, convém lembrar, são relacionamento, com Deus e uns com os outros. É um privilégio poder demonstrar afeto dedicando aos cuidados de Deus, mediante a intercessão, aqueles a quem amamos. Na oração e intercessão relembramos que estamos conectados e que somos agentes

---

[9] BONHOEFFER, *Vida em comunhão*, p. 57.
[10] NOUWEN, *Oração*.

da missão restauradora no mundo, confiando que o Espírito Santo ouve nossa voz, conhece a intenção de nosso coração e intercede por nós diante do Pai.

Durante um deserto pessoal, aprendi com os ensinamentos do pastor Darrell Johnson sobre a Oração do Pai Nosso lições que são hoje cruciais em minha caminhada com Deus. Nesse processo, Deus me abriu os olhos para a realidade de que o Pai é, de fato, "nosso". Parece óbvio, mas não é. Saber que o Deus que cuida de mim é o mesmo Deus que cuida de você, que somos filhos amados do mesmo Pai, é alentador e animador para seguirmos em frente e para reordenarmos nosso coração, entregando a ele as ansiedades que vêm nos assolar diariamente. Quando vemos alguém que amamos sofrendo ou enfrentando dificuldades, podemos interceder e lembrar que o "Pai nosso" ama aquela pessoa e cuida dela melhor do que eu jamais poderia cuidar, e isso nos leva a um aprofundamento em nosso relacionamento de amor com Deus e uns com os outros. Ele cuida de seu Corpo visível, de sua igreja.

Amadurecimento por meio das amizades

Os encontros públicos de nossas comunidades não são suficientes para nutrir a profundidade das relações que buscamos. A igreja, de maneira geral, é bastante heterogênea e possui características muito específicas, tanto culturais quanto de viabilidade de encontro. Num centro urbano como São Paulo, regido pelo trabalho, as demandas e opções de deslocamento e horários tornam-se sempre desafiadoras. Tenho um amigo que organizou seu pequeno grupo de comunhão à meia-noite das sextas-feiras. Era o único momento possível para reunir os jovens que ele liderava, pois todos trabalhavam e/ou estudavam em outros horários, mas não queriam deixar de se encontrar.

Precisamos de amigos na caminhada, pessoas que andem conosco, que nos ajudem a crescer. Na infinidade de formulários que preenchemos durante a vida, deparamos frequentemente com a frase: "Em caso de urgência, favor ligar para...". De quem é o contato que você escreve lá? Em outras palavras, a quem recorremos depois que o caldo já entornou? Quando sentimos que chegamos ao limite, que pessoas nos ajudam a lidar com as consequências que virão? Aliás, de que limite estamos falando? A vida nos apresenta uma dança veloz entre momentos de autonomia e dependência.

Estamos cada vez mais anestesiados e desatentos aos sinais que precedem o que consideramos "trágico e urgente". Cada vez mais independentes, solitários, autossuficientes e distraídos. Sim, existem coisas que nos atropelam e interpelam e não nos permitem nem tempo de respirar. É o que chamamos de tragédia ou fatalidade. Mas a maioria das questões da vida cotidiana consiste em *processos*. Passo a passo, caminhamos em determinadas direções. E são muitos os sinais pelo caminho.

Sugiro então que, se não andarmos sozinhos, muito do impacto dessas situações poderá ser amenizado. Porque estaremos juntos, atentos a alguns dos sinais e movimentos de nosso coração, concedendo espaço para transformações e crescimentos, o que torna a jornada mais bonita e mais leve.

Os relacionamentos demandam, entre tantas coisas, compromisso. Isso, por sua vez, implica dedicação, intencionalidade e um grau de vulnerabilidade, que não é meramente passividade submissa, mas envolve sobretudo engajamento corajoso na direção do outro. Portanto, precisamos entender que a vida de quem amamos tem a ver com a nossa vida, pois somos corpo. Temos vivido à sombra do "cada um com seus problemas", "fulano faz o que quer da vida dele", "o que eu faço não interessa a ninguém". Se você se propõe ser um discípulo de Jesus Cristo, sabe que não é assim que ele compreende as relações. O cristianismo é um chamado amoroso à amizade. Com Deus. Uns com os outros.

Quando assumimos o compromisso de caminhar com alguém, além do benefício da companhia para os bons momentos e da identificação nas afinidades, cabe também a nós a responsabilidade de amar e cuidar, o que se reflete, por exemplo, em alertar quanto aos perigos do caminho e em atuar como coadjuvante no processo de cura das feridas. Afinal, há limites em nosso cuidado e em nosso amor. Existe uma dimensão profunda da vida que diz respeito à pessoa e a Deus. Um nível de profundidade no qual só Deus pode intervir e interferir. Mas percebo que um dos pecados de nossa geração é a omissão. Nós nos esquecemos de que Deus nos presenteou com pessoas para que encarnemos uma dimensão de seu amor por nós. Deus nos coloca perto uns dos outros, nos permite construir amizades espirituais, também como meio de graça, de cuidado e crescimento. "Como o ferro afia o ferro, assim um amigo afia o outro" (Pv 27.17). Somos desafiados, crescemos e amadurecemos juntos.

Temos dificuldade em lidar com nossas fragilidades e erros e em abordar tais questões com os outros. Como aponta a autora e pesquisadora Brené Brown, não desejo me mostrar vulnerável e nem me sentir assim, porém quando busco relacionamentos essa é a primeira coisa que desejo no outro, isto é, que seja vulnerável e aberto comigo.[11] Geralmente seguimos o

---

[11] BROWN, *A coragem de ser imperfeito.*

caminho oposto da orientação bíblica: "Façam disso uma prática comum: confessem seus pecados uns aos outros e orem uns pelos outros, para que vocês possam viver juntos, integrados e curados" (Tg 5.16, *A Mensagem*). Temos facilidade em apontar os erros dos outros e desviar os olhos de nossos próprios equívocos. Deus, contudo, já nos ensinou muito do processo da cura e restauração: humildade, quebrantamento, confissão, oração, recomeço e transformação. No modelo da interdependência da Trindade, em comunhão e na ação do Espírito Santo, somos tratados, curados e restaurados.

Fomos criados para a interdependência. Existe uma ligação estreita entre o nosso aprendizado e crescimento e a forma como desenvolvemos relacionamentos. Uma vez que analisamos as experiências formativas de nossa vida, percebemos que nossos encontros com a realidade são mediados e interpretados nesse contexto de relacionamento, ou seja, na presença do outro.

A amizade espiritual é uma das práticas reconhecidas como um canal da graça de Deus. A perspectiva de um amigo pode ser um recurso de restauração fundamental, uma vez que pode descortinar, em território de amor e confiança, nossa cegueira para as realidades internas que se tornaram destrutivas para a maturidade espiritual, realidades como comportamentos, escolhas e relacionamentos. Um amigo espiritual pode nos aproximar de Deus enquanto aponta nossas tendências de desequilíbrio e caminha fielmente conosco em oração para que cresçamos em fé, esperança e amor.

Em suas observações sobre amizade espiritual, o abade medieval Elredo de Rievaulx destaca que um amigo espiritual é como um "guardião do amor".[12] Sob essa perspectiva, temos

---

[12] RIEVAULX, *Spiritual Friendship*.

um papel fundamental e ativo no encorajamento da preservação e do desenvolvimento do amor de nossos amigos por Cristo e pelo próximo. Tudo isso fundamentado e nutrido por nosso relacionamento com Deus. Na prática da amizade espiritual, a conversação torna-se vital. Na conversação, praticamos uma escuta e uma fala intencional e cuidadosa, aprendemos mais sobre nossa identidade à luz do olhar amoroso de Deus através dos olhos da pessoa que está ali, à nossa frente, a nos olhar, amar, confrontar e confortar. Encontramos graça e perdão na presença do outro.

O conceito de prestação de contas é fundamental na prática da amizade espiritual, pois incentiva o diálogo e marca a implementação gradual das percepções de transformações e hábitos que são fruto da ação graciosa do Espírito na vida dos seguidores de Cristo. Nessa escuta atenta e constante, respeitamos os limites quando um amigo não consegue tratar de determinadas questões, aprendemos sobre o tempo dos processos de Deus, crescemos em fé e desenvolvemos a liberdade de fazer as perguntas que levarão ao processo conjunto de nomear o que até então não éramos capazes de enxergar sozinhos.

A dinâmica da oração na amizade espiritual estabelece um sentido importante para essa relação ao incluir Deus como o sustentador central: a compreensão fundamental de que não é um relacionamento destinado apenas ao serviço mútuo, mas, em última instância, um meio pelo qual crescemos no amor e na adoração a Deus, mesmo e sobretudo em meio a nossas diferenças e vulnerabilidades.

Faça uma pausa para um exercício de reflexão sobre sua própria jornada e sobre aqueles que você escolheu como companhia nessa caminhada. Quem são essas pessoas? Priorize seu tempo para compartilhar a vida em seus processos, não apenas nas urgências. Acolha em amor os alertas que recebe de seus amigos espirituais, mesmo que isso cause desconforto e até raiva num primeiro momento. Lembre-se: "A repreensão franca é melhor que o amor escondido. As feridas feitas por um amigo sincero são melhores que os beijos de um inimigo" (Pv 27.4-5). Podemos escolher o caminho perigoso da omissão ou podemos optar pela ação amorosa: abrir espaço confiável para ouvir a confissão do outro, exortá-lo em amor e comprometer-nos a orar por ele. E, de igual modo, acolher o caminho inverso, ouvindo nossos amigos espirituais e recebendo seu cuidado, cultivando relacionamentos de afeto que nos trarão a possibilidade da sincera alegria compartilhada que experimentamos na vida abundante presenteada por Deus.

Mais uma vez, cabe observar que fazemos isso de forma encarnada, olhando nos olhos, verbalizando palavras de encorajamento e exortação, abraçando, secando lágrimas, ouvindo palavras de perdão. Isto é, testemunhando juntos a ação do Pai, crescendo juntos em fé, esperança e amor.

Quando o Corpo de Cristo se exercita nesse sentido, cumpre seu papel e vocação. Os frutos são visíveis e testemunham da bondade, do amor e da misericórdia de Deus para com os seres humanos. Confirmam que, em uma sociedade cada vez mais egoísta e individualista, o caminho da comunhão, da partilha e do serviço é bíblico, possível e transformador. Conforme nos lembra Jesus: "Eu lhes disse estas coisas para que fiquem repletos de minha alegria. Sim, sua alegria transbordará! Este é meu mandamento: amem uns aos outros como eu amo vocês. Não existe amor maior do que dar a vida por seus amigos. Vocês serão meus amigos se fizerem o que eu ordeno" (Jo 15.11-14).

A intergeracionalidade no Corpo de Cristo

Além das relações de amizade espiritual, o Corpo de Cristo é diverso em seu agrupamento geracional. Essa característica pode constituir um aspecto de fortalecimento relacional, se bem observado, e um diferencial positivo das comunidades de fé. Precisamos resgatar a unidade do Corpo na diversidade das estações da vida. Quando me refiro a estações da vida, não estou falando apenas das fases de desenvolvimento, porque nossa relação com o tempo é distinta. A população mundial está vivendo mais, a expectativa de vida tem aumentado, e as taxas de natalidade seguem diminuindo em diversos países. Isso impacta diretamente nossa forma de viver.

Há alguns anos, eu estava na casa de James e Rita Houston, em Vancouver. Na época, Rita se encontrava em um estágio intermediário de Alzheimer. Na sala, acontecia a reunião de estudo bíblico semanal de seu grupo de amigas. Elas iam à sua casa no mesmo dia e horário e realizavam seu estudo, cantavam hinos e faziam suas orações. Rita já não se lembrava da maioria daquelas senhoras, mas permanecia na sala, por vezes até cantando um hino e esboçando algum sorriso, por vezes apática e em silêncio, por vezes levantando-se um pouco agitada. "Ela não se lembra mais de muitas das amigas, mas nós sabemos quem ela é para Deus e para nós", disse o dr. Houston enquanto as observávamos na sala.

Ao final de nossas conversas, ele compartilhava, com seu jeito peculiar e sábio, algumas percepções sobre o momento que eu vivia e o que deveria levar em conta acerca dos desafios que me aguardavam nos anos por vir em termos de ministério, vida pessoal e profissional. Pegou três livros de sua biblioteca particular e me presenteou. Sobre um deles, resolveu explicar: "Este livro fala sobre demência, envelhecimento. Leia mais a respeito disso. Sua geração está empenhada em cuidar da juventude e em conviver com seus pares. Isso é bom e necessário, mas vocês precisam lembrar-se dos diferentes e preparar-se para cuidar dos idosos. Vocês vão pastorear e cuidar de muitos deles. Se vocês levarem a vida em comunidade a sério, eles permanecerão entre vocês e terão muito a ensinar como conselheiros e anciãos. E, para aqueles que estiverem enfrentando situações como a demência, vocês saberão como incluí-los e dar suporte às famílias, pois será um árduo caminho para muitos. E esta geração, que vive ancorada na mentira da produtividade, aprenderá sobre identidade mesmo quando pessoas não parecerem ter nada a oferecer". Guardei essas palavras no coração e no meu diário de reflexões.

No ciclo da vida, o corpo padece. Isso se dá por processos de adoecimento ou pelo processo inevitável de envelhecimento. A compreensão do envelhecimento tem variáveis sociais, econômicas, culturais. O fenômeno de ser idoso não muda, mas a estrutura de suporte — os serviços especializados, os recursos de saúde pública, a viabilidade dos cuidados, a mobilidade e a segurança — é diferente em cada contexto. No Brasil, por exemplo, em cada região ou classe social isso se apresentará de forma particular. Para a maioria no país, existe uma significativa vulnerabilidade social, decorrente da pobreza, em que muitos necessitam trabalhar mesmo após a aposentadoria a fim de dar suporte financeiro aos demais familiares. Quantas vezes já testemunhei na porta de um quarto de hospital o relato de famílias que misturavam seu choro entre a tristeza de perder o idoso querido e a preocupação com o ônus que sua partida geraria também financeiramente, uma vez que a família inteira dependia de sua míngua aposentadoria.

Creio que a igreja, inspirada na pessoa de Jesus, deveria modelar para a sociedade o cuidado com o idoso, oferecendo espaços de convivência e interação com os demais grupos e demonstrando que o desejo de Deus para todo ser humano, independentemente da fase da vida, é que seja tratado com dignidade e respeito. Em diversos textos a Palavra de Deus faz menção a esta estação da vida:

- "Levantem-se na presença dos idosos, honrem os anciãos, temam o seu Deus. Eu sou o SENHOR" (Lv 19.32).
- "Os cabelos brancos são uma coroa de glória, para quem andou nos caminhos da justiça" (Pv 16.31).
- "A glória dos jovens está em sua força, e o esplendor dos idosos, em seus cabelos brancos" (Pv 20.29).

Não se trata de "glamourizar" essa fase da vida. Os desafios estão presentes. O processo de envelhecimento apresenta diversas alterações físicas e mentais: aparência, habilidades sensoriais e sexuais, problema sistêmicos de saúde, deterioração da memória, da capacidade de aprendizagem, da criatividade. Outros desafios dizem respeito à perda do contato social decorrente da aposentadoria, à administração da moradia, à manutenção de um cuidado no sistema de saúde, à mobilidade, e assim por diante.

Todo esse processo pode afetar a autoestima e a autoconfiança, gerando sentimentos de desvalorização. O excesso de cuidado por parte da família, às vezes justificável em suas intenções, pode provocar uma infantilização do idoso que ainda mantém suas capacidades cognitivas. Muitas famílias ao meu redor que hoje enfrentam esse desafio do cuidado com o idoso procuram equilibrar tais dificuldades oferecendo todo o suporte necessário ao mesmo tempo que o encoraja a prosseguir em seu desenvolvimento social, espiritual e emocional.

É preciso resgatar dentro do Corpo de Cristo a prática da observação e do discernimento dos diferentes ciclos da vida, resgatar o ensino do lugar do idoso no meio da comunidade. Lidando com o sofrimento em hospitais públicos e observando tantos jovens que perdem a vida, por meio de adoecimento ou da violência urbana, observo como o processo de envelhecimento é, apesar de penoso para muitos, um privilégio para tantos outros. E se é verdade que o processo de envelhecimento e amadurecimento nem sempre caminham juntos, o fato é que a maturidade, quando cultivada, é uma bênção.

A multiplicação de grupos em nossas comunidades (crianças, adolescentes, jovens, adultos, casais, solteiros, descasados, viúvos, idosos) traz seus benefícios. Se convivêssemos apenas com "iguais", deixaríamos de cultivar uma das dádivas mais lindas que a comunidade proporciona: a sabedoria e o crescimento decorrente das relações de intergeracionalidade. É nessas relações que aprendemos o respeito e a convivência. Quando os mais novos convivem só com pessoas de sua idade, esperando amadurecer espiritualmente sozinhos, e quando aqueles com mais tempo de caminhada não se sentem responsáveis pelos mais novos, não há crescimento sadio. Crescimento vem do cultivo do relacionamento com Deus e da convivência e do cuidado mútuo na comunidade. Uma comunidade sábia, que cresce em um relacionamento dinâmico com Jesus, amadurece em fé, esperança e amor.

Fazemos parte de um povo que tem história, que tem memória e que, por isso, pode ter identidade. Parte importante desse processo é a transmissão das histórias de um povo, e isso se dá por meio da Palavra de Deus e de nossa história como comunidades da fé geograficamente localizadas no Brasil e na América Latina. Deus tem escrito uma história através de pessoas que, em cada geração, têm enfrentado desafios diferentes e se mantido fiel a Deus apesar das adversidades. "Quase todas as culturas têm glorificado a passagem da tocha do velho para o jovem", escreveu Amós Oz. "Este tem sido sempre um dever primário da memória humana."[13] É nossa responsabilidade, portanto, olhar para trás com sabedoria para poder viver o presente e vislumbrar o futuro.

Aprendizado na experiência comunitária

Um dos aspectos que observamos na sociedade em geral e que de alguma forma foi transposto para o contexto das comunidades da fé tem sido a terceirização da educação. Ou seja, da mesma forma que na sociedade muitas famílias esperam que a escola supra não só aspectos educacionais mas também valores morais, nas comunidades locais esse mesmo fenômeno tem se reproduzido.

Os pais não raro esperam que o ensino dominical em nossos encontros sejam o suficiente para sedimentar a educação cristã de seus filhos. Como já mencionamos, muitas crianças vivenciam uma espécie de orfandade emocional. O autor Sergio Sinay pontua que, quando alguém faz a escolha de ser pai e mãe, precisa deixar de ser filho de uma sociedade egoísta, desumanizada e espiritualmente predadora para ser um adulto que assume de forma responsável sua presença na vida

---

[13] Oz e Oz-Salzberger, *Os judeus e as palavras*, p. 21.

dos filhos, semeando assim uma transformação na sociedade ao oferecer a ela um exemplo de comunidade mais humana e solidária. Nessa comunidade familiar, os filhos questionam diariamente, mediante palavras, gestos e silêncios, se podem ou não contar com esses adultos em sua vida. Se os pais não ocuparem tal papel, nossa sociedade adoecida responderá a eles de outra forma.[14]

O papel da comunidade cristã não é o de suprir e substituir esse vazio, mas sim de cooperar com as famílias para que suas crianças e adolescentes se desenvolvam, se aprofundem e amadureçam na fé e no conhecimento de Jesus Cristo. Com a proliferação de projetos e programas para alcançar crianças e adolescentes, percebemos que pais já exaustos de suas demandas, e muitos deles negligentes com sua própria caminhada de fé, colocam expectativa demasiada naquilo que é oferecido pelas comunidades para ser o centro de transmissão dos valores e da formação espiritual de seus filhos. Porém, esse modelo não se sustenta.

A família continua a ser o espaço primordial de formação, transformação e crescimento das novas gerações, e deve encontrar no espaço comunitário o suporte complementar para que essa formação ocorra. A dedicação daqueles que cuidam de nossas crianças, adolescentes e jovens é admirável, uma vez que se trata de uma geração exposta a tantos estímulos e, assim como os adultos, a tantas diferentes narrativas e cosmovisões. Devemos, sem dúvida, procurar entender que mundo é este, quais são os desafios para que a mensagem chegue a eles de forma contextualizada, a fim de ajudá-los a responder às perguntas que sua geração tem feito.

---

[14] SINAY, *A sociedade dos filhos órfãos.*

Há um ditado africano que diz: "É preciso uma aldeia para se criar uma criança". Eu mesma sou fruto e testemunho de uma vida vivida em comunidade. Além da família nuclear e estendida (pais, mães, irmãos, tios, avós), uma família ampliada, que oferece diferentes referências. Pessoas que fazem parte de nosso círculo de irmãos e irmãs em Cristo com quem podemos aprender, dividir as cargas, criar memórias e ampliar nossa percepção de mundo. Além disso, muito do que somos e nos tornamos também é influenciado pelos olhares que as pessoas colocam sobre nós. A comunidade de fé é o espaço onde ressignificamos nossa história de vida, onde restauramos nossos afetos e relações. Quando alguém sofre com uma família disfuncional, enfrentando uma série de desafios, feridas e lutas, a retaguarda e o amparo da comunidade se tornam um referencial de afeto, de acolhimento, de olhares e palavras de vida. A violência sofrida no espaço de origem é tratada no amor da comunidade. Isso também é promover saúde e cura do corpo através das relações e da ação do Espírito Santo em nós e entre nós.

O corpo virtual

O desenvolvimento tecnológico por certo ocasionou facilidades para as comunicações e relações humanas. Questiona-se, porém, qual espaço isso passou a ocupar em nossa vida. Há anos que parte da população já se beneficia das facilidades proporcionadas pela internet, por exemplo. Ouço de muitas pessoas que enfrentam dificuldade de locomoção ou processos de adoecimento instaurados, entre tantos outros aspectos, que a migração de alguns recursos da comunidade para o espaço da internet tem facilitado e agregado as possibilidades de desenvolvimento e aprofundamento da fé. Não estou me referindo àqueles que residem a menos de um quilômetro do espaço de reunião da igreja local e ainda assim optam por ouvir a pregação pela internet por pura preguiça, encarando o encontro dominical como um produto a ser consumido, e não como uma experiência de corpo a ser vivenciada. Os recursos virtuais devem, pelo contrário, servir justamente para viabilizar e nutrir a reflexão e a comunhão.

A intencionalidade é um fator que precisa estar presente tanto nos encontros pessoais quanto nas propostas de comunidade virtual. O termo "virtual", aliás, não significa que não exista uma comunidade real; antes, designa um espaço, um lugar que não é físico mas que pode ser ativado por meio eletrônico e tecnológico. Em outras palavras, é uma possibilidade de colocar em contato pessoas de diversos lugares, de agregar pessoas independentemente da localidade geográfica a fim de formar grupos que promovam possibilidade de pertencimento.

O alcance tecnológico é de grande importância também na inclusão daqueles que enfrentam alguma espécie de isolamento social, como idosos, pessoas em tratamento médico, missionários em campos distantes, viajantes, pessoas que estão longe geograficamente de suas comunidades. A interação social acontece de forma virtual, entre pessoas com laços comuns, e essa interação pode promover uma sensação de pertencimento ou conexão. Porém, a comunidade virtual pode ser vista como um suplemento, e não necessariamente como fonte primária das relações sociais. Existem limites para se viver de forma encarnada mediante a tecnologia, uma vez que esta de certo modo "mascara" o uso da linguagem não verbal em algumas ferramentas e restringe o alcance dos sentidos físicos e corporais tão necessários em uma relação presencial.

Ainda assim, é possível ampliar redes, fortalecer laços, viabilizar a participação de pessoas que estariam incapacitadas de participar em outras circunstâncias. Em anos recentes, um bom exemplo da utilização da tecnologia para aproximar pessoas tem sido o de grupos temáticos, como, por exemplo, o de mulheres que vivem em situação de violência, o de familiares enlutados, o de pessoas enfrentando processos de adoecimento, o de mães e pais de primeira viagem, entre outros. Esses grupos virtuais, ou seja, que se encontram por meio da tecnologia, promovem um senso de suporte social, pertencimento, filiação, ao oferecer espaço para que pessoas em situações semelhantes em diferentes contextos sociais e geográficos se encontrem e compartilhem a vida umas com as outras. Nesses casos, algumas pessoas se beneficiam também dos recursos do anonimato para poderem se expressar com maior liberdade sem se sentirem expostas ou julgadas. E alguns desses grupos até trilharam o caminho oposto, migrando para relações presenciais, o que resultou em um tipo de encontro e de aproximação com o qual seus participantes não contavam em seus círculos presenciais restritos.

Obviamente, estou falando do uso benéfico e produtivo da tecnologia. Sofremos também com os excessos, o ódio fomentado nas redes, os vícios em tecnologia, as deturpações na comunicação, o uso proliferado de perfis falsos como forma de se expressar agressivamente no mundo. Existem hoje em diversos ambulatórios de saúde mental ao redor do mundo grupos voltados exclusivamente para o vício em tecnologia ou em internet. Por isso é importante revisitar os conceitos de comunidade virtual como algo suplementar, que vem na esteira da comunidade presencial. Em prol do desenvolvimento social, é preciso que, a princípio, nossas relações sejam construídas presencialmente, para então nos beneficiarmos do uso, também com suas restrições, dos espaços da comunidade virtual.

A reflexão sobre a influência da tecnologia em nossa prática de fé precisa ser aprofundada. Como promover um espaço saudável no qual as vivências comunitárias possam ser nutridas mesmo através dos recursos tecnológicos, sem que isso resulte na perda da pessoalidade? Será que a tecnologia tem ampliado nossa experiência da realidade cotidiana? Acaso ela tem nos possibilitado refletir melhor sobre a vida, organizar melhor nosso tempo para ouvir, servir melhor às pessoas?

A tecnologia, quando em seu devido lugar, promove interações significativas, mas quando não serve a seu propósito, pode obstaculizar o processo de conversar e de ouvir verdadeiramente uns aos outros. Por isso, é sempre preciso questionar se a tecnologia está nos servindo ou nos prejudicando. Em uma reflexão sobre a tecnologia e o futuro da humanidade, o dr. Craig Gay lembra que não se trata de fazer um movimento alarmista ou persecutório sobre como a tecnologia tem nos influenciado. O ponto é que nossa fé cristã nos aponta um caminho de reflexão sobre nossa localização histórica e nossa identidade como seres criados à imagem e semelhança de Deus que procuram tornar-se cada vez mais aquilo para o que fomos criados para ser.[15] Daí a necessidade de avaliar constantemente o uso que fazemos da tecnologia em nosso dia a dia e em nossos relacionamentos, para que práticas excessivas e nocivas não nos desumanizem, mas que, em vez disso, saibamos recorrer às ferramentas e aos recursos próprios de nosso tempo a fim de promover caminhos de aproximação e sinais de vida.

---

[15] Gay, *Modern Technology and the Human Future*.

3
Prevenção e promoção da saúde

....

Então completem minha alegria concordando since-
ramente uns com os outros, amando-se mutuamente
e trabalhando juntos com a mesma forma de pensar
e um só propósito. Não sejam egoístas, nem tentem
impressionar ninguém. Sejam humildes e considerem
os outros mais importantes do que vocês. Não procu-
rem apenas os próprios interesses, mas preocupem-se
também com os interesses alheios.

FILIPENSES 2.2-4

Todas as comunidades cristãs locais [são convoca-
das] para demonstrar respeito pela dignidade singular e pela santidade da vida humana, através do
cuidado prático e holístico, que integre os aspectos
físico, emocional, relacional e espiritual de nossa
humanidade criada.

COMPROMISSO DA CIDADE DO CABO II, A–6–D
(MOVIMENTO LAUSANNE)[1]

....

O paradigma de interdependência é uma proposta para uma
vida saudável, ainda que não ausente de conflitos. Compreen-
didas no contexto da comunidade, nossas disciplinas e práticas fornecem um espaço para a ligação entre irmãos e irmãs,

[1] MOVIMENTO LAUSANNE, "Compromisso da Cidade do Cabo", <https://www.
lausanne.org/pt-br/recursos-multimidia-pt-br/compromisso-da-cidade-do-
-cabo-pt-br/compromisso>. Acesso em 22 de junho de 2021.

os membros do Corpo de Cristo, o que também transborda para além dos espaços de nossas comunidades.

A importância do ambiente da comunidade para formar e nutrir pessoas está enraizada na essência da igreja de Cristo, um lugar de transformação operada pelo Espírito Santo. Uma vez que tais práticas são nutridas, elas fornecem uma visão diferente para as relações porque cada indivíduo, à luz da Palavra e do Espírito de Deus, torna-se mais consciente de sua realidade como um pecador que precisa de Deus e de seus irmãos e irmãs, além de sofrer uma reestruturação de sua identidade à luz de quem ele é em Cristo. Isso reúne as pessoas sob a cruz.

Quando pensamos na expansão dos processos comunitários a serviço da sociedade, historicamente a igreja de Jesus tem exercido um papel significativo no cuidado dos enfermos. Esse serviço assistencial e pastoral se dá através de intervenções em eventos de ordem sanitária, de ações de socorro e misericórdia relacionados a eventos catastróficos específicos, de formação de instituições de saúde como hospitais e casas de apoio, entre outros movimentos.[2]

Amplia-se hoje a discussão sobre o Corpo de Cristo como um sinal promotor de saúde de forma mais abrangente, que envolve tanto o cuidado aos enfermos quanto a promoção de ações de saúde. Sempre houve nas comunidades maior ênfase no serviço aos enfermos que padecem de questões físicas. Atualmente, está em pauta o serviço, o cuidado e a integração referentes aos padecimentos de ordem mental/psicológica. Mas, apesar da presença cada vez maior da temática da saúde mental no espaço público, as comunidades cristãs ainda têm se envolvido timidamente com essa questão. Há a dificuldade

[2] Ver ÁLVAREZ, *Teologia da saúde*, p. 38.

de articular o espaço científico com as questões de ordem religiosa e espiritual. Felizmente, pontes nesse sentido vêm sendo construídas ao longo dos anos, e a desmistificação de que a ciência se contrapõe à fé é um fator fundamental para que tal diálogo possa prosperar.

Alguns exemplos podem ser destacados. Conheci há alguns anos, no Canadá, o Sanctuary Mental Health Ministries [Ministério de Saúde Mental Santuário], uma iniciativa de profissionais de saúde cristãos para equipar a igreja de Jesus no cuidado com a saúde mental, oferecendo recursos por meio de vídeos, textos e cursos.[3] No Brasil, existem iniciativas como o Corpo de Psicólogos e Psiquiatras Cristãos (CPPC),[4] a Associação Brasileira de Cristãos na Ciência (ABC²)[5] e outros que buscam esse diálogo. Outro projeto iniciado na América do Norte e hoje atuante em muitas comunidades no Brasil é o Celebrando a Recuperação (CR),[6] que usa uma abordagem bíblica para auxiliar pessoas no cuidado com a saúde mental, as compulsões, as feridas emocionais e os maus hábitos. O CR possui um modelo de grupos de passos (semelhante ao Alcoólicos Anônimos), encontros de grupos de apoio temáticos e palestras elucidativas sobre os temas em questão. Tive também a oportunidade de estar em duas ocasiões na Ásia com a dra. Gladys Mwiti, fundadora do Oasis Africa,[7] e aprendi sobre essa iniciativa importante de ministério que tem servido a países africanos, assistindo pessoas com traumas, abusos,

[3] Sanctuary Mental Health Ministries, <https://www.sanctuarymentalhealth.org/>
[4] CPPC, <https://cppc.org.br/>.
[5] ABC², <https://www.cristaosnaciencia.org.br/>.
[6] CR, <http://www.celebrandoarecuperacao.org.br/>.
[7] Oasis Africa, <https://oasisafrica.co.ke/>.

situações de catástrofe e genocídio, e exercendo impacto e reconhecimento na sociedade de maneira ampla, para além dos muros das igrejas. São apenas alguns exemplos pontuais, mas essas iniciativas têm se multiplicado.

No Brasil, são inúmeras as comunidades de fé nas periferias que ocupam um espaço fundamental de restauração e reintegração de pessoas em situação de vulnerabilidade, em virtude dos aspectos já mencionados do potencial comunitário de valorização e reconhecimento daqueles que, muitas vezes, são explorados e negligenciados em seu dia a dia, mas que encontram, na comunidade de fé, espaço para exercer seus dons e desfrutar de integração, pertencimento, compromisso mútuo e da ação do Espírito Santo.[8]

Nesses espaços, o número de igrejas pentecostais é significativo, e ouço relatos em minha prática profissional do impacto fundamental que elas exercem em iniciativas e em projetos de recuperação e restauração da saúde. Nas comunidades de fé nas periferias, ainda que não apenas nelas, há uma participação significativa da população negra, que encontra na experiência espiritual dessas comunidades uma possibilidade de integração e reconhecimento muitas vezes inacessível em uma sociedade onde o racismo ainda se faz presente de forma acintosa. Essas comunidades de fé têm sido verdadeiras ilhas de saúde em ambientes inóspitos e vulneráveis, promovendo espaços de expressão, atuação e dignidade. Como observa Marco Davi de Oliveira:

A espiritualidade dos negros está, ainda hoje, baseada numa luta diária por sobrevivência. A maior parte deles vive na pobreza e

---

[8] Ver DE OLIVEIRA, *A religião mais negra do Brasil.*

na escassez. Viver uma espiritualidade em circunstâncias adversas conduz a pessoa à possibilidade da total confiança no Deus que controla todas as coisas. Viver uma vida limítrofe nas questões sociais deveria trazer transtornos emocionais, físicos e até espirituais. E, de fato, os transtornos aparecem sob a vida de quem sofre as mazelas sociais. No entanto, também traz a força e a resistência que vêm do interior, proveniente da fé.[9]

Outros tantos ministérios ao redor do mundo lidam com a integração de crianças órfãs a famílias, com a promoção de recursos para que famílias nas comunidades sejam sensibilizadas quanto à adoção de crianças, e com o desenvolvimento psicossocial, emocional e espiritual de crianças em abrigos. Também há ações ligadas à saúde e ao cuidado com populações vistas como invisíveis, como moradores de rua e egressos de sistemas prisionais. Atualmente, o aumento no número de refugiados também tem suscitado a necessidade de ministérios voltados para o atendimento desse grupo, com seu histórico de guerra, escassez e perseguição.

As comunidades de fé e as organizações ligadas a elas têm procurado promover cuidado a essas pessoas. As igrejas cristãs são percebidas, em muitas realidades de nosso país e ao redor do mundo, como espaços que possuem certas qualidades essenciais para o desenvolvimento e a restauração das pessoas, uma vez que, em geral, consistem em um grupo heterogêneo que possui diversos recursos espirituais, emocionais e até financeiros, em que a generosidade é praticada e os recursos são repartidos entre quem necessita. Trata-se de um grupo que se propõe encontros regulares e intencionais, a fim

---

[9] De Oliveira, "A espiritualidade e a identidade negra", in Bomilcar (org.), *O melhor da espiritualidade brasileira*, p. 244.

de integrar o conceito de fé e saúde dentro de sua proposta de adoração e serviço a Deus.

A sociedade, portanto, compreende o grande potencial relacional e transformador que as comunidades de fé possuem através de seu relacionamento com Deus, cujo fundamento é a pessoa de Jesus e cujos frutos são a dignidade humana, o reconhecimento dos papéis sociais, o cuidado mútuo e as ações preventivas. Esses são apenas alguns exemplos de utilização do espaço comunitário para a promoção da saúde.

Com essa compreensão de que é papel do Corpo de Cristo ser sal e luz na sociedade, podemos ocupar espaços de maneira coerente e colaborar na restauração de pessoas, desenvolvendo também parcerias com instituições públicas e organizações sociais, no intuito de encarnar o evangelho transformador de Jesus. Como observou Orlando Costas: "Somente na medida em que os cristãos se comprometem em participar redentivamente em suas situações de vida é que eles conseguem dar testemunho eficaz do evangelho e ser autênticos instrumentos do Espírito Santo na evangelização daqueles que lhes estão próximos".[10]

Espaço para o encontro de nossas fragilidades

Tratar do tema da fragilidade em todas as suas dimensões não é algo popular. A maioria dos livros de autoajuda tem como foco a superação das limitações, a ênfase em reafirmar qualidades, e assim por diante. Não é à toa que tantos cristãos enveredem pelo caminho das teologias de prosperidade, de dominação, que negam o sofrimento a fim de nos fazer

---

[10] Costas, *Proclamar libertação*, p. 67.

acreditar que somos mais do que de fato somos. É momento de relembrar as palavras do apóstolo Paulo:

> Em três ocasiões, supliquei ao Senhor que o removesse [o espinho na carne], mas ele disse "Minha graça é tudo de que você precisa. Meu poder opera melhor na fraqueza". Portanto, agora fico feliz de me orgulhar de minhas fraquezas, para que o poder de Deus opere por meu intermédio. Por isso aceito fraquezas e insultos, privações, perseguições e aflições que sofro por Cristo. Pois, quando sou fraco, então é que sou forte.
>
> 2Coríntios 12.8-10

A questão da força enquanto somos fracos parece um paradoxo, mas na verdade é uma declaração que reafirma a magnitude de Deus como Criador e nosso real tamanho como criaturas. É na companhia e na graça, porém, que nossa dignidade e nosso valor são realçados, e é na relação de Pai e filhos que encontramos nosso lugar e nossa força para seguir em frente, crescendo e desenvolvendo-nos para além do que poderíamos imaginar.

Quando pensamos na dinâmica de nossa sociedade, notamos padrões de comportamento que importamos para nossas comunidades. Queremos cultivar a devoção aos heróis, àquelas pessoas que consideramos admiráveis, homens e mulheres fortes, inteligentes, sábios, proativos, líderes, etc. Conheço histórias de pessoas que foram descartadas pela comunidade local por não serem tão eficazes quanto se esperava para o bom desenvolvimento do trabalho. É preciso atentar-nos para nossas vocações e também para a forma como tratamos uns aos outros. Não raro o que estamos reproduzindo é um modelo institucional, empresarial, corporativo, esquecendo-nos de nossa vocação como Corpo de Cristo.

Todos nós tempos dificuldade em conviver com o diferente, em aprender com as fragilidades dos outros. E somos muito hábeis em esconder as próprias fragilidades. Porém, precisamos lembrar que não há nada oculto que em algum momento não venha à luz, e trazer essas debilidades à tona para serem tratadas, na caminhada de discipulado e nas amizades espirituais, é muito mais importante do que passar a vida tentando construir algo que não somos.

Sim, na teoria parece muito mais simples do que na prática. O fato é que relacionamentos são difíceis. Transparência, intimidade e permanência num mundo que prega a perfeição e o descarte dos frágeis é, com efeito, uma mensagem contracultural. O dr. Houston sempre nos lembrava em suas conversas de que não existe comunhão entre personagens: apenas pessoas podem se relacionar e ser transformadas pelo Espírito Santo para a vida no Corpo de Cristo. O médico suíço Paul Tournier, falando sobre as máscaras que insistimos em usar no intuito de nos proteger ou nos esconder uns dos outros, afirmou:

> Essa ilusão é precisamente a convicção de que há duas espécies de pessoas: as fortes e as fracas. Na verdade os homens são muito mais parecidos entre si do que creem. A diferença está na máscara que usam, seja luminosa ou apagada, está nas reações fortes ou fracas que exteriorizam. [...] A máscara e as reações exteriores enganam a todos, sejam fortes ou fracos. A bem da verdade, somos todos fracos porque temos medo. Medo de sermos esmagados pela vida e que nossa fragilidade fique patente.[11]

Na Bíblia, o tema da fragilidade aparece diversas vezes, tanto no Antigo quanto no Novo Testamento, na vida de pessoas

---

[11] TOURNIER, *Os fortes e os fracos*, p. 21.

que enfrentaram medos, angústias, sentimentos de inadequação e tentações e desafios relacionados a poder, sexo, religiosidade, dinheiro, entre tantas outras questões que continuam presentes no coração humano hoje. As Escrituras mostram repetidas vezes como Deus é capaz de atuar em meio às nossas fragilidades a fim de tratar a vida humana, as relações, as vocações, enfim, todas as esferas da vida, que, se não forem trazidas à luz para receber o cuidado devido, produzirão adoecimentos de ordens psíquicas, físicas, emocionais e relacionais.

Uma das autoras mais celebradas na atualidade é a americana Brené Brown, professora e pesquisadora da Universidade de Houston. Há anos ela vem pesquisando o fenômeno da vulnerabilidade, da vergonha e da coragem, e suas palestras e seus livros atraem milhares de pessoas. Esse grande interesse no tema da vulnerabilidade é um dos sinais de que nós, como sociedade, estamos cansados de viver de aparências, cansados de tentar manter um padrão relacional, social e até religioso que ignore e descarte nossas vulnerabilidades. Brown relata que nossa dificuldade em tratar do tema da vulnerabilidade diz respeito à associação que fazemos entre vulnerabilidade e emoções como vergonha, tristeza, medo, sofrimento, emoções essas que nos provocam reações negativas e que, consequentemente, nos fazem querer evitá-las. Todavia, é justamente nesse espaço da vulnerabilidade que construímos as experiências de afeto, compreensão, alegria, empatia, criatividade. Nesse sentido, sugere ela, integrar os diferentes aspectos da vulnerabilidade é essencial para nosso desenvolvimento emocional e relacional.[12]

O Corpo de Cristo é tecido na coexistência de pessoas que enfrentam momentos de maior força ou fraqueza, caminhando

---

[12] BROWN, *A coragem de ser imperfeito*.

sempre com Cristo. A comunidade cristã pode oferecer um espaço de encontro de nossas vulnerabilidades, onde nos tornamos conscientes de nossas necessidades, sobretudo de nossa necessidade premente de Deus. Na comunidade nós praticamos o cuidado e a empatia sem julgar e condenar, e nos esforçamos na direção de um entendimento de que a diversidade de nossas jornadas pode resultar em celebração, gratidão e alegria. Essa integração entre nossas forças e fraquezas e nossa perspectiva de dependência de Deus nos humaniza e, com isso, conseguimos nos identificar com aqueles que sofrem e que estão em outros espaços da sociedade.

Na vida em comunidade, no reconhecimento mútuo de nossas limitações, somos lembrados de nossa natureza humana como pecadores que clamam pela graça de Deus. Isso nos encoraja a falar uns com os outros em uma compreensão humilde e compassiva de que somos instrumentos uns dos outros para mostrar e receber a misericórdia e o perdão de Deus. Em nossa humanidade, lutamos com a influência do pecado e os constantes apelos para nosso envolvimento em práticas e pensamentos que se opõem à proposta do reino de Deus. A comunidade que procura viver à luz do Cristo ressurreto é aquela que concede espaço à promoção da vida e da redenção, um lugar para a transformação no Espírito.

As comunidades cristãs, como Corpo do Cristo que redimiu o cosmo, têm um potencial restaurador. Sua vocação é a de mediar o evangelho de Jesus e incentivar a adoração como estilo de vida para os cristãos no mundo, mesmo enquanto ainda enfrentam a realidade presente do pecado. Não negamos a existência do mal e do sofrimento no mundo fraturado, mas reconhecemos que, como cristãos, devemos viver na busca de santidade e plenitude.

Nessa caminhada, é verdade que estamos cada um em diferentes etapas, enfrentando questões distintas. Todavia, precisamos seguir juntos rumo à reconciliação com Deus e uns com os outros. Isso nos lembra da prática da confissão, da abertura do coração e da vulnerabilidade no solo sagrado das amizades espirituais, uma prática que algumas comunidades abandonaram, mas que fortalece as relações e os laços da comunidade, oferecendo consciência de perdão e de restauração, o que é essencial para a saúde.

A área da psicossomática aponta como a saúde emocional e espiritual tem impacto direto no corpo físico, mostrando que questões como a raiva e a amargura podem interferir na preservação geral de saúde. Os Salmos, por exemplo, já sinalizavam como essas emoções interferem em nossa vida, registrando experiências íntimas e profundas dos salmistas em suas lutas emocionais e espirituais bem como as repercussões sentidas de maneira encarnada, física. Daí a importância de identificar, reconhecer e compartilhar as emoções ao longo da jornada espiritual.

O papel do perdão em nossa saúde integral, por exemplo, é fundamental, pois permite a restauração interior que terá impacto em todos os aspectos da vida. O perdão é uma decisão de ressignificar, diante de Deus, aquilo que já passou diante de Deus, mas é também o início de um caminho espiritual com dimensões de encontros relacionais nos quais oferecemos e recebemos perdão. Esse processo que se inicia de forma individual e no encontro com Deus tem como resultado a transformação das relações comunitárias, ou seja, o fruto do perdão é vivenciado no corpo, literal e metaforicamente, promovendo saúde e integridade.

Em nossa reflexão sobre as disciplinas e práticas corporais no âmbito individual e social da comunidade cristã, compreendemos que, como cristãos, devemos cuidar da vida e da Criação como dádivas divinas. Santidade e integridade são conceitos que visam, essencialmente, a promoção e preservação da vida. Portanto, devemos buscar saúde à luz do plano de Deus para a humanidade e sob nossa perspectiva de vida como seres eternos. A busca da saúde deve se dar no paradigma da alegria e do serviço em amor, para que não se torne um ídolo. É saúde para Deus, e não saúde no lugar de Deus.

A vida em comunhão na comunidade cristã, o Corpo de Cristo, é um sinal redentor de Deus presente neste mundo. Somos chamados a ser a comunidade visível de Deus, comunidade encarnada, de pessoas integradas dentro dos limites de nossa humanidade, presentes no mundo como testemunhas da promessa e do amor de Deus, um povo em constante transformação e amadurecimento, ampliando nosso cuidado para toda a Criação.

4

Missão e serviço encarnados

....

Portanto, vão e façam discípulos de todas as nações, batizando-os em nome do Pai e do Filho e
do Espírito Santo. Ensinem esses novos discípulos
a obedecerem a todas as ordens que eu lhes dei. E
lembrem-se disto: estou com vocês sempre, até o fim
dos tempos.

MATEUS 28.19-20

Pois não quero mais ser Teu arauto.
Já que todos têm voz,
por que só eu devo tomar navios
de rotas que não escolhi?
Por que não gritas, Tu mesmo,
a miraculosa trama dos teares,
já que Tua voz reboa
nos quatro cantos do mundo?
Tudo progrediu na terra
e insistes em caixeiros-viajantes
de porta em porta, a cavalo!
Olha aqui, cidadão,
repara, minha senhora,
neste canivete mágico:
corta, saca e fura,
é um faqueiro completo!
Ó Deus,
me deixa trabalhar na cozinha,
nem vendedor nem escrivão,
me deixa fazer Teu pão.

Filha, diz-me o Senhor,
Eu só como palavras.

ADÉLIA PRADO[1]

....

O desejo de Deus para nós é que sejamos plenamente humanos, e não praticantes de uma religião que nos desumanize e nos aliene. Não precisamos estar em outro lugar para viver uma espiritualidade encarnada, cotidiana, na qual podemos desfrutar da graça de Deus e amar o próximo.

Em nossa reflexão sobre o corpo no cotidiano, encontramos as temáticas da alimentação, dos exercícios físicos, do sono. O corpo em relação pessoal experimenta a prática de conversas, amizades, namoro, casamento, sexo, trabalho, família e tantos outros aspectos que requerem de nós uma visão divino-humana dessa espiritualidade encarnada.

A revelação de Deus nos vem de maneira intencional e corpórea mediante a pessoa de Jesus Cristo. A fé cristã se manifesta no mistério da encarnação. Deus desejou revelar-se no corpo de um ser humano judeu dois mil anos atrás. "A Palavra se fez carne." Para a teologia cristã, então, o corpo é o lugar da revelação plena e visível de Deus, como aponta Adolphe Gesché.[2] Cristo em corpo humano: corpo é encontro, intersecção entre Deus e o ser humano, lugar de profundo mistério. Corpo é o caminho de Deus a nós, lugar de encontro. E cumpre a finalidade de ser caminho de nós a Deus. Deus assumiu forma humana, e esse conceito de encarnação estendido a nós na Criação demonstra a antítese do desejo humano de

---

[1] PRADO, "O poeta ficou cansado", *Poesia reunida*, p. 323.
[2] GESCHÉ e SCOLAS, *O corpo, caminho de Deus.*

dominação. Ele tornou-se servo e identificou-se com nossa humanidade até a morte, e morte de cruz.

Serviço e missão

Um aspecto fundamental de nossa humanidade encarnada é nossa participação no trabalho que Deus está fazendo para a implantação de seu reino. Temos uma missão: amar a Deus e ao próximo e sinalizar o amor e a esperança de Deus para toda a humanidade. Nossa vida como discípulos de Jesus deve ser de transformação e testemunho, apontando para um novo jeito de viver mediante a graça de Deus. E, com nosso trabalho, exercemos nossa missão de cuidar da Criação e de amar o próximo. O ser humano que trabalha não é, portanto, apenas um corpo que trabalha, uma máquina impessoal sujeita a processos de automação. Antes, nós nos engajamos de forma integral em nossa vocação e identidade, e então podemos fazê-lo também em nossa atividade profissional.

Passamos a maior parte da vida trabalhando. No trabalho experimentamos processos de crescimento, mas em casos de desequilíbrio social ou individual tais processos podem ocasionar adoecimento físico, emocional, espiritual. De igual modo, as pessoas que nos cercam nesses ambientes ocupam espaços de vida ou de morte em nosso desenvolvimento. O trabalho é, portanto, um aspecto importante de nossa saúde.

Dedicamos intensa atenção às atividades profissionais, ao desenvolvimento da carreira, ao emprego que nem sempre é o que sonhamos mas que nos traz o sustento básico para viver. Atualmente, o principal motivo de adoecimento relacionado ao trabalho têm sido as constantes exigências pautadas pela busca constante por lucro em um sistema que enxerga os seres humanos como máquinas, testando seus limites e desafiando suas prioridades de vida. Temos muita dificuldade de entender o que significa o descanso em uma narrativa que exalta a produtividade. Em suma, estamos exaustos.

Em uma sociedade que não consegue pensar sobre o significado do tempo, falar sobre descanso é quase uma blasfêmia. Porém, o repouso do corpo como um todo significa reconhecer concretamente nossa dependência de Deus, percebendo-o como o Rei que governa o universo e como o Pai que cuida de nós enquanto descansamos, se é que conseguimos descansar. Quando não levamos em consideração a dimensão do sabático, do descanso, insistindo nesse movimento ininterrupto que nos adoece, estamos tão somente reforçando a narrativa de que nossa identidade reside em nossas atividades. Não temos, assim, a oportunidade de desfrutar da comunhão com Deus, com nós mesmos e uns com os outros, comunhão essa que não só aprofunda nossa consciência como também nos fortalece em resiliência frente ao sofrimento, à frustração, à espera, à exaustão. Uma vez que somos constantemente agredidos com um excesso de estímulos, expectativas e obrigações, o descanso sabático pode ser visto como um ato de resistência e de alternativa para a narrativa atual de desempenho e exploração, um tempo em que, conforme nos lembra Walter Brueggemann, reafirmamos nossa confiança no Deus que nos sustenta e de quem recebemos cuidado e provisão.[3]

Todavia, em nosso contexto brasileiro e latino-americano, marcado por séculos de exploração, desigualdade e corrupção, o descanso parece um ideal distante. Como falar de descanso a

---

[3] Brueggemann, *Sabbath as Resistance*.

alguém que se encontra no espectro social mais frágil e na luta acirrada pela sobrevivência?

Por isso a igreja de Jesus tem, a meu ver, uma responsabilidade e um papel tão fundamentais nessas reflexões. Nossa teologia não pode servir apenas para nós, ignorando aqueles que vivem em situações diferentes das nossas. O que mobiliza o coração de Deus são as pessoas, de todas as raças, tribos, línguas e nações, pois foi por elas que ele entregou seu próprio Filho e é para elas que ele deseja uma vida restaurada e plena. Quando afirmamos a dignidade da vida humana, quando afirmamos que fomos criados à imagem e semelhança do Criador, estamos dizendo que a proposta de Jesus, o evangelho de reconciliação, restauração e ressurreição, é para todos. E a igreja, como sinal visível e testemunha do reino de Deus neste mundo, precisa resgatar essa visão de promover justiça e paz, de levar consolo aos que choram, de ser generosa na distribuição de recursos. No Corpo de Cristo, quando um sofre sofremos todos, quando um se alegra todos nos alegramos.

Em um momento socioeconômico no qual muitas pessoas não têm acesso ao exercício profissional, um emprego para poder suprir as necessidades básicas de sua casa, falar sobre vocação, saúde e mesmo espiritualidade no trabalho parece descabido. Nossos problemas relacionados ao trabalho são sociais e estruturais. Tenho contato direto e diário com a experiência de adoecimento psíquico gerada por uma visão desintegrada de aspectos ambientais, psicossociais, fruto de relações de poder e exploração, o que tem provocado graves adoecimentos de ordem física e espiritual.

Ainda assim, é preciso suscitar essa reflexão até como forma de trazer à luz a maneira pela qual nossos conceitos de trabalho e construção da sociedade podem se tornar prejudiciais, a fim de que possamos pensar e implementar alternativas de reorganização estrutural e relacional. Para isso, é preciso contemplar todas as esferas da vida sob a ótica da dignidade humana, uma vez que fomos criados à imagem de Deus e deveríamos ter, conforme o desígnio de Deus, a oportunidade de florescermos e sermos respeitados em nossa humanidade.

Busquemos, então, recursos e diálogos em nossas comunidades locais, para que, mediante o aprofundamento da integração da fé e trabalho, possamos reconstruir padrões e reconfigurar visões, num movimento contrário ao da cultura que nos escraviza. É um ponto de partida para que, como povo de Deus, sejamos agentes e promotores de paz e justiça na sociedade, mesmo que de forma pontual. Não menosprezemos iniciativas aparentemente pequenas. Deus pode fazer muito por meio delas. Repensar, por exemplo, nossas relações com nossos colegas de trabalho, empregadores, funcionários, etc. Com isso sinalizaremos dia após dia, na luta contra os sinais de morte que nos rodeiam, contra a exploração, contra o acúmulo desordenado de bens e tantas outras formas de abuso, que buscamos cooperar com Deus na promoção da justiça e da generosidade.

Sobre a experiência do trabalho como cooperação com Deus, o pastor Ed René Kivitz afirma:

> Gosto de acreditar que trabalhar é cooperar com Deus para colocar ordem no caos [...], é cooperar com Deus para tornar o mundo habitável, mais justo, mais fraterno, mais solidário, isto é, o mais parecido possível com o paraíso. Utopia? Claro. Mas é bom que sejamos movidos por utopias. As alternativas são o niilismo, o cinismo ou algo pior.

Gosto também de acreditar que o trabalho é uma experiência de autodesenvolvimento [...]. Trabalhar é expressar talento, canalizar aptidão de maneira útil, fazer algo que presta para um montão de gente, o que dá aquela maravilhosa sensação de "eu faço a diferença".

Enquanto a gente vai transbordando para o mundo através do fruto do nosso trabalho, vai se conhecendo, aprendendo a se dominar, se desenvolvendo emocional, intelectual e espiritualmente.[4]

Nem sempre esse caminho de expressão, serviço e transbordamento é um caminho só de satisfação. O crescimento, o desenvolvimento e o amadurecimento na maioria das vezes provêm do desafio, da dor, do desconforto. Não há situação ideal num mundo quebrado. Há caminhos possíveis, maneiras de reposicionamento e de retorno à nossa identidade essencial. No mundo marcado por relações de poder e exploração, com constantes evocações à nossa fantasia de independência e dominação, é importante lembrar que nossa vocação deve estar em nossa identidade como filhos amados de Deus e que nosso chamado é primordialmente para amar a Deus e ao próximo e servir por meio de nossos relacionamentos. A vocação existe como uma resposta ao amor de Deus por nós. Conectar o conceito de vocação exclusivamente à vida profissional prejudicará essa reflexão. Quando nossa identidade se baseia unicamente em nossa atividade, tão logo perdermos essa atividade, por qualquer motivo que seja, adoecemos na desintegração.

É preciso ressignificar e contextualizar a palavra ídolo, para que a geração atual, ao ouvir essa palavra, não pense apenas em povos antigos se curvando diante de imagens ou em celebridades contemporâneas. O ídolo é tudo aquilo que nos

---

[4] Kivitz, *Outra espiritualidade*, p. 238.

escraviza, que nos desumaniza, que exerce poder sobre nosso coração. Talvez você seja uma pessoa que tem o trabalho como ídolo ou conheça alguém que viva assim. Esse é um dos pecados que nos atrapalha, um problema individual que, potencializado, torna-se um mal coletivo. A idolatria é uma distorção de nossos afetos. Como escreveu o compositor Sérgio Pimenta há algumas décadas: "Hoje postes-ídolos não são normais, há os outros deuses, construções mentais, à própria semelhança de quem edifica, alimentando o culto auto-hedonista".[5]

Se grande parcela da atual geração está adoecida em razão de questões relacionadas ao trabalho por colocá-lo como central em sua vida, ao mesmo tempo emerge um relevante número daqueles que buscam encontrar sentido e significado para sua atividade profissional ou vocacional, conscientes de que ela deve beneficiar o maior número de pessoas possível.

Colocar o trabalho no lugar correto, administrar seu tempo, valorizar as mais diversas atividades sem uma visão elitizada, perceber que o trabalho é uma forma de cooperarmos com Deus, de recebermos sustento, de servirmos às pessoas, é algo crucial. Ainda há muito espaço para reconfigurarmos nosso trabalho e nossa percepção de corpo integral a serviço do reino. Que mais iniciativas surjam nessa direção e ação, para que nossa espiritualidade se torne cada vez mais encarnada e nosso serviço alcance a muitos.

Despreparo para lidar com a saúde mental

Todos esses aspectos de nossa vida encarnada estão relacionados com nossa saúde. A comunidade cristã ainda luta com

---

[5] PIMENTA, "Somente Um", Grupo Semente, *Criação*, 1986.

aquilo que chamamos de saúde mental. Em diversos ambientes onde circulo, seja na área da assistência ou na do ensino, tenho sido questionada sobre o despreparo das comunidades de fé ao lidar com esse tema. Diálogos e reflexões ainda são necessários em muitas comunidades. Há um reducionismo na forma de lidar com questões de ampla complexidade, como é o ser humano. A vida não é linear, uma sequência de situações de causa e efeito. Ainda que o coração humano continue sendo o mesmo desde sempre, as demandas pastorais se ampliaram à medida que o mundo moderno foi se tornando mais intrincado.

Conheço muitos líderes e conselheiros que dizem coisas como: "O curso de teologia não me habilitou para lidar com pessoas", "O seminário não me preparou para tratar desses temas", "Na minha comunidade nunca se falou sobre lidar com as emoções". Precisamos mostrar discernimento e buscar ajuda em Deus e uns nos outros. O aumento de diagnósticos de pessoas com transtornos de ansiedade ou depressão e as notícias cada vez mais frequentes sobre o suicídio de líderes e membros de comunidades de fé suscitam questionamentos. Muitos confidenciam sua dificuldade de encontrar espaço e fórum adequado para verbalizar dúvidas e temores acerca do tema da saúde mental.

Creio que essa é mais uma consequência de nossa desintegração entre a fé e as questões do dia a dia. Um coração angustiado que não encontra espaço para repartir seus temores por medo de julgamentos só terá sua condição agravada. É preciso retornar para a Palavra de Deus e perceber que os homens e mulheres descritos na grande narrativa bíblica foram extremamente humanos e sofreram, duvidaram, lamentaram, se decepcionaram. Grande parte dessa dificuldade reside no fato de que há uma dificuldade de "abraçar o mistério", de responder "não sei" a dadas questões, de reconhecer que nem tudo o que vivenciamos é passível de explicação e controle, e que precisamos, juntos, buscar em Deus sua intervenção e sua promessa de vida e sabedoria, a fim de que discirnamos aquilo que não temos conhecimento nem condição de enxergar por conta própria.

Nessa falta de habilidade da igreja para abordar questões de perdas cognitivas e transtornos mentais, parece persistir uma estigmatização daqueles que lutam com o desequilíbrio emocional, como se a fé ou a ausência dela fosse o fator definidor dessa complexa e multifacetada equação. Isso impacta diretamente a forma como a comunidade oferece apoio a pessoas que enfrentam adoecimentos psíquicos, bem como o amparo destinado a suas famílias e amigos. Nesse sentido, Augustine Meier argumenta que a prática teológica poderia se mover continuamente para o caminho do diálogo interdisciplinar com a psicologia e a medicina, não os considerando sistemas concorrentes, mas sim complementares ou informativos, já que visam o cuidado das pessoas em sua totalidade.[6]

Não se trata de desmerecer a Palavra de Deus como nosso norte e a centralidade da pessoa de Jesus e da narrativa bíblica do reino de Deus. A oposição entre fé e ciência sempre reduz a questão a uma polarização infrutífera, diminuindo a própria percepção do poder de Deus, que é o Criador e também o Sustentador de tudo o que há de bom neste mundo. Portanto ouvimos, dialogamos, retemos o que é bom. Teóricos da psicologia como Freud e Jung abordaram a temática da religião em diversas ocasiões, atribuindo o engajamento

[6] Meier, et al., *Spirituality and Health*, p. 29.

religioso a um comportamento imaturo, de pessoas que não querem se responsabilizar por seus atos, ou a movimentos de massa, como algo que distanciaria o ser humano de confrontar sua própria identidade. Alguns deles, porém, como o próprio Jung, também apontaram a importância de reflexões mais amplas e interdisciplinares, em diálogos generosos que mirassem uma melhor compreensão do ser humano e sua identidade. "Devemos ler a Bíblia, ou jamais entenderemos a psicologia", escreveu Jung. "Nossa psicologia, nossa vida por completo, nossa linguagem e imagem estão construídas a partir dela."[7]

Existem diversos modelos que tratam da questão do adoecimento psíquico, com bases biológicas, psicossociais, socioculturais e espirituais. Não podemos perder de vista o fato de que processos de adoecimento são multifacetados e, portanto, suas abordagens de cuidado também serão amplas. Com esse enfoque em mente, analisemos agora algumas das questões mais prementes relacionadas à saúde mental.

Ansiedade e depressão

A depressão não é algo novo; já estava presente ao longo de toda a história humana. Por depressão não nos referimos a uma tristeza ocasional, mas a uma vivência profunda e persistente. Alguns dos sintomas são: humor deprimido ou irritável, dificuldade de concentração, alteração de sono e apetite, sensação de cansaço, sentimentos de desvalor e culpa, ideias pessimistas, lentidão de movimentos, perda de interesse ou de prazer nas atividades cotidianas, pensamentos de morte. É um quadro multifacetado que pode incluir adoecimentos

[7] JUNG, *Visions*, p. 156.

neurológicos, alterações endócrinas, doenças inflamatórias ou infecciosas, adoecimentos cardíacos ou pulmonares, doenças renais, câncer, deficiências nutricionais, transtornos de personalidade, entre outros fatores. A depressão também pode estar ligada a períodos do ciclo vital, a determinados momentos da vida em que ocorrem perdas simbólicas ou concretas ou experiências traumáticas. Diversos estudos apontam também para predisposições genéticas, interpretações inadequadas de experiências religiosas, cobranças e abuso de substâncias. Levando em consideração a complexidade desse quadro, não há como simplificar as abordagens de cuidado.

Precisamos ter sensibilidade para ouvir as histórias do outro, entender o momento que ele vive, buscar o auxílio necessário num cuidado com o corpo de forma ampla, tanto no que diz respeito à vida emocional e espiritual quanto no cuidado fisiológico, relacionado aos equilíbrios químicos. É importante fazer-se disponível, enxergar e reconhecer o sofrimento da pessoa, encorajar no que for possível sem ser invasivo, evitar comparações e críticas, e reafirmar, sempre que necessário, a graça de Deus.

A ansiedade, por sua vez, se caracteriza por uma preocupação excessiva, intensa e persistente, o medo recorrente de situações cotidianas. Pode ocorrer frequência cardíaca elevada, respiração rápida, sudorese e sensação de cansaço. O medo é uma resposta natural a ameaças iminentes, sendo em certa medida um protetor para que não nos coloquemos em situações de risco. A ansiedade é o medo excessivo que nos paralisa e nos prejudica. Assim como a depressão, resulta de vários fatores e precisamos ter sensibilidade para perceber o que pode estar gerando essa reação, se é algo do cotidiano, se é um fator traumático estressor, se é uma condição de saúde física (distúrbios hormonais, por exemplo).

A temática da ansiedade está cada vez mais presente em gabinetes pastorais e em consultórios médicos e psicológicos. São pessoas que sentem não estarem dando conta de lidar com as demandas cotidianas, um ritmo de vida intenso, uma sobrecarga que desencadeia sintomas físicos e não apenas emocionais. Assim como ocorre na depressão, por vezes serão necessários medicamentos para efetuar um equilíbrio químico, bem como um acompanhamento relacional com espaço de escuta para que a pessoa expresse e reorganize seus sentimentos e pensamentos. Ressignificar a relação com o tempo é algo importante para lidarmos com a ansiedade que habita nosso coração. E, como já mencionado, muitas de nossas práticas individuais e comunitárias dentro da comunidade de fé auxiliam exatamente nisso.

Mais uma vez, é de suma importância que a comunidade cristã abra os olhos e o coração para discernir, em cada caso, quais são as intervenções disponíveis visando a promoção da saúde mental e o cuidado com as pessoas: a meditação bíblica, a oração, a psicoterapia, os tratamentos farmacológicos, os grupos de apoio, os vínculos de amizade, e assim por diante. Deus nos ofereceu esses recursos de cuidado, e não podemos ser negligentes ao dispor deles. Em alguns quadros de ansiedade e depressão, haverá uma estabilidade e melhoria na qualidade de vida. Em outros casos, as pessoas conviverão com essa luta ao longo de toda a vida. Nosso posicionamento como comunidade para caminhar com nossos queridos no sofrimento é algo essencial.

Automutilação e suicídio

Uma das questões que tem se apresentado na prática clínica e em nossas comunidades, especialmente entre os jovens, é a automutilação. Permanece forte a dificuldade de lidar com fenômenos que consideramos incompatíveis com nossa jornada de conversão. Essas práticas de autoagressão têm se mostrado comuns não apenas em quadros psicopatológicos tradicionais, mas também em pessoas que enfrentam outros tipos de sofrimento e que, no entanto, não encontram espaços ou palavras para expressá-los. A automutilação tem sido compreendida, então, como uma forma de sentir, de localizar e visualizar no corpo físico um sofrimento emocional para o qual o indivíduo tem dificuldade de atribuir nome.

Quando minimizamos o sofrimento do outro, quando procuramos silenciar os sinais e as queixas do cotidiano, a dor só se agrava. Um dos principais receios daqueles que lidam com pessoas que apresentam esse tipo de comportamento é que acabe levando à consumação de um suicídio. Alguns comportamentos de automutilação têm características muito semelhantes às de um vício, uma adicção, e portanto torna-se imprescindível a sensibilidade dos que estão ao redor da pessoa para proporcionar espaços de auxílio e acompanhamento, em vez de insistir na negação do que acontece. É importante que a pessoa encontre segurança para dialogar sobre a origem de sua dor emocional, espiritual, existencial.

Insisto que se busque uma aliança no cuidado entre todos aqueles que são referência de amparo da pessoa envolvida, como os pais, os professores, os líderes dos ministérios que os acolhem. Nas faixas etárias mais jovens, identificamos uma série de movimentos grupais, que também podem reforçar tais comportamentos de autoagressão. Não raro, há grande resistência por parte dos pais em reconhecer esses sofrimentos dos filhos, sobretudo porque os próprios pais precisariam rever dinâmicas familiares que poderiam estar prejudicando o desenvolvimento dos filhos. Precisamos de espaços de diálogo, do resgate de nossa identidade em Cristo e da ressignificação do sofrimento.

A temática do suicídio é, de fato, uma questão que precisa ser tratada com urgência. Historicamente, e em muitas culturas ainda hoje, é um tema que se procurou evitar a todo custo. Mas o custo do silêncio é alto. O tema da "morte voluntária", como no caso do suicídio, encontra ainda mais estigma e dificuldade de abordagem, por ser muitas vezes atribuído desordenadamente à temática da loucura ou, em círculos religiosos, ao pecado.

Muitas comunidades cristãs cultivam um discurso triunfalista que busca afastar qualquer vestígio de sofrimento e fragilidade, discurso esse que não condiz com o que vivemos de fato em nossa jornada de discipulado, cuja transformação contínua tantas vezes é permeada pela dor de viver em um mundo caído. Outros tantos atribuem cruelmente as fragilidades à falta de fé, o que agrava ainda mais o quadro emocional.

O estigma, a vergonha, a impotência, a dificuldade em se compreender os fenômenos da saúde mental, as distorções teológicas que não abrem espaço para o diálogo, tudo coopera para aprofundar os sofrimentos psíquicos e as angústias da alma. Para confrontar isso, precisamos incentivar o diálogo visando a prevenção do suicídio, bem como de tantas outras questões que assolam a saúde emocional. Precisamos cuidar uns dos outros e de nossas lideranças, tantas vezes exauridas em seus ministérios e carentes de atenção e de tempo disponível para cuidar da própria saúde. Em suma, precisamos atuar tanto na prevenção quanto no cuidado daqueles que já sofrem pelas consequências dessa difícil realidade.

Também nesse caso, o papel da comunidade no auxílio à prevenção é de singular importância. Não podemos caminhar sozinhos em meio à dor. E, quando a comunidade sai da postura da negação (são tantas as vezes que escuto que "isso não acontece com discípulos de Jesus") e as pessoas se percebem humanas, frágeis, partes de um mundo caído e que necessita de restauração e ressurreição interior, então se pode, enfim, iniciar um diálogo frutífero. Quando nos damos conta de quão necessitados somos da graça de Deus, quão dependentes do cuidado dele, conseguimos nos aproximar do sofrimento do outro com uma escuta mais amorosa e misericordiosa. Assim, a comunidade se torna um espaço com potencial para promover cuidado e restauração.

Traumas e abusos

As experiências traumáticas podem ser descritas como eventos e situações que nos ferem a mente e o corpo, desafiando nossa integridade física ou psicológica. Traumas secundários podem acontecer quando essa experiência acomete outra pessoa mas ainda assim somos de algum modo afetados emocionalmente. Quero pontuar algumas das experiências que têm sido comuns em minha escuta clínica e pastoral e sugerir que busquemos mais recursos de compreensão sobre esses temas, que ampliemos os espaços de reflexão sobre eles em nossas comunidades locais e pequenos grupos, a fim de que aprimoremos nossa atenção e escuta, nossa reflexão e oração.

O tema do abuso espiritual, assim como das demais formas de abuso, permanece um espaço de difícil acesso por parte das comunidades de fé. O teólogo Ken Blue explica que o abuso espiritual se dá quando alguém em posição de liderança e autoridade usa desta para "coagir, controlar ou explorar um seguidor, causando ferimentos". Esses ferimentos interferem na forma como a pessoa se relaciona com sua fé, sua comunidade, e em todas as esferas da vida.

O perfil desse líder pode ter diversas características, e não raro aquele que sofreu o abuso só consegue enxergar e identificar de forma mais clara os comportamentos desse líder depois que já tenha se afastado dele, quando estiver lidando com as consequências do abuso. De todo modo, Blue acredita haver dois tipos centrais de abusadores:

1) Líder inseguro, que se sente insignificante e busca relevância por meio do domínio dos outros. Vive em autodefesa. Muitas vezes, foi ele próprio vítima de abuso. Luta com as mesmas questões daqueles a quem ele fere.

2) Líder narcisista, heroico, messiânico. É aquele que fantasia fazer algo sem precedentes. Necessita de acesso ao que o outro pode oferecer, a seguidores. Busca não só lugar seguro, busca glória. Mantém as vítimas olhando para fora, e não para as próprias emoções.[8]

Um dos motivos pelos quais as comunidades de fé continuam produzindo líderes abusadores é a desumanização da figura do pastor ou da pastora, do padre, ou de qualquer líder religioso que é colocado em posição de destaque como um ídolo, como uma referência inquestionável, que detém o poder e realiza uma série de feitos em nome de Deus. É verdade que Deus chamou pessoas para ocuparem esses espaços de liderança e conduzirem o povo de Deus em integridade. Ao longo dos anos, porém, fomos distanciando essas pessoas de suas características humanas, sobrecarregando-as com trabalho, cobrando um preço alto de suas famílias, não abrindo espaço para que desenvolvessem amizades sinceras e demonstrassem

---

[8] BLUE, *Abuso espiritual*, p. 111-113.

suas vulnerabilidades, a fim de que, junto com amigos no Corpo de Cristo, também pudessem crescer e ser acolhidas.

E, como todo conjunto de seres humanos, existem aqueles que sofrem com transtornos mais graves de personalidade ou caráter. A comunidade é um espaço de cura e transformação, mas precisamos reconhecer e nomear as dificuldades e as sombras uns dos outros, trazendo-as à luz para que Deus as trate e o menor número de pessoas sejam feridas no processo.

Em seu livro *Feridos em nome de Deus*, a jornalista Marília de Camargo César coleta depoimentos e reflexões acerca do tema do abuso espiritual, registrando experiências de pessoas que sofreram em comunidades que deveriam ser espaço de vulnerabilidade, crescimento e maturidade na fé. A autora pontua que o abuso espiritual poderia ser definido como o encontro entre uma pessoa fraca e uma forte, em que a forte usa o nome de Deus para influenciar a fraca e levá-la a tomar decisões que acabam por diminuí-la física, material ou emocionalmente.[9]

Esses abusos podem ocorrer de diversas formas: moral, sexual, espiritual. Geram feridas que muitas vezes demandam um tratamento de longo prazo, e deixam cicatrizes. Por isso reitero que, se é verdade que a comunidade como corpo pode ser um espaço de prevenção e cuidado, em alguns casos ela também tem potencial para ser espaço de abusos. Convém redobrar atenção a nossos pensamentos, sentimentos e comportamentos, e permitir diariamente em nosso caminho de discipulado que a palavra de Deus seja semeada de maneira profunda, para que traga frutos de vida e para que não sejamos propagadores de sinais de morte.

---

[9] CÉSAR, *Feridos em nome de Deus*.

Outra temática cada vez mais presente em nossos espaços é a do assédio moral no ambiente de trabalho. O assédio moral diz respeito a comportamentos repetidos, sejam eles verbais, gestuais ou escritos, que colocam o outro em situações de humilhação ou constrangimento. Isso gera ofensas à sua dignidade, à sua personalidade ou integridade física e psicológica, com o intuito, declarado ou não, de prejudicar seu ambiente de trabalho e afastá-lo de suas funções.

O assédio moral pode acontecer tanto por parte daquele que está em posição superior, como lideranças e chefias, quanto por parte dos funcionários. E é um comportamento que também ocorre entre pares, ou seja, entre os próprios colegas de trabalho.

As pesquisas indicam que uma alta parcela dos trabalhadores brasileiros sofre ou já sofreu assédio moral em seu ambiente de trabalho, mas creio que quaisquer desses números são subnotificados, pois muitas pessoas ainda não nomeiam ou não identificam alguns comportamentos como tal. Fatores que deixam as pessoas mais vulneráveis a esse tipo de assédio são: sexo feminino, raça e etnia, orientação sexual, pessoas que sofrem situações de adoecimento ou vítimas de acidentes. Os prejuízos sofridos são de ordem psicológica, física, social e profissional.

Em diversas ocasiões nas quais fui convidada para rodas de conversa em comunidades cristãs sobre fé e trabalho, as pessoas trazem essa temática para o debate como algo cada vez mais comum que vem assolando as pessoas em seu dia a dia. Muitas pessoas sofrem com o assédio moral, ao passo que outras começam a se reconhecer como assediadoras morais. Por isso, precisamos insistir na reflexão sobre a natureza do corpo que trabalha e o impacto dessa reflexão em nossas relações, a fim de integrar fé e trabalho de tal modo que isso resulte em mudanças em nossos comportamentos cotidianos.

Atualmente, também encontramos diversas iniciativas em comunidades de fé com o intuito de trazer à luz temas que por anos ficaram fora da discussão, como a prevenção ao abuso sexual. Por abuso sexual referimo-nos ao contato sexual ou comportamento que acontece sem consentimento da outra pessoa. Isso decorre de uma visão de objetificação do corpo do outro, impondo relações de poder que violam o corpo da pessoa como uma unidade integrada.

É preciso expandir o diálogo sobre esse tema, promovendo espaços de ensino para propagar informações preventivas de modo que as pessoas, sobretudo as crianças, possam nomear as partes de seu próprio corpo, reconhecer aquilo que gera medo e insegurança e, assim, verbalizar caso estejam em situação de risco. Elas precisam saber que podem conversar de forma segura com adultos com quem desenvolvem vínculos de confiança e cuidado.

O desenvolvimento da criança que sofre abuso sexual se vê prejudicado, uma vez que a violação do corpo é uma violação dessa unidade integrada, não apenas física mas biopsicossocial e espiritual, o que resulta na necessidade de uma reconstrução tanto da imagem corporal quanto das relações vividas de forma encarnada, com as pessoas e com o próprio Deus. As feridas são profundas, e o processo de restauração é longo. Daí a importância da prevenção. Nossas comunidades têm o potencial de promover esse espaço de ensino para o reconhecimento de que o abuso pode ocorrer em qualquer local, principalmente em núcleos familiares, e até na própria comunidade de fé, formada por seres humanos que também podem estar adoecidos. Precisamos criar e nutrir espaços seguros para nossas crianças, cuidando delas de forma integral, o que inclui o olhar que elas têm sobre si mesmas e sobre seu corpo. Assédio e abuso também acontecem na adolescência e na vida adulta. Ouço em minha prática clínica frequentes relatos a respeito de assédio sexual no ambiente de trabalho. O Código Penal define assédio sexual como o ato de "constranger alguém, com o intuito de obter vantagem ou favorecimento sexual, prevalecendo-se o agente da sua condição de superior hierárquico ou ascendência inerentes ao exercício de emprego, cargo ou função" (art. 216-A). A prevalência, nesses casos, é do assédio sexual praticado por homens contra mulheres, ainda que o contrário também possa acontecer.

Por fim, outra forma de abuso do corpo recorrente em nossa realidade são os casos de violência doméstica, sobretudo contra mulheres. São agressões tantos verbais quanto físicas. No perfil dos agressores, uma parte significativa costuma estar ligada ao uso e abuso de substâncias (em especial o álcool), e a maioria das vítimas no Brasil é de mulheres negras em situação de baixa escolaridade e vulnerabilidade social. Esse é um tema importante para nossas reflexões nas comunidades de fé, não apenas porque o evangelho propõe um novo jeito de viver e de dignificar o corpo e as relações humanas, mas também porque, no momento em que vivemos, são muitas as pessoas que fazem parte de nossas comunidades de fé que têm sofrido violência doméstica.

Devemos, com urgência, analisar quais comportamentos e visões estamos perpetuando em nossa teologia, ensino e forma de viver que têm agravado comportamentos que reforçam a prática da violência doméstica, a fim de promover restauração e transformação.

* * *

O teólogo croata Miroslav Volf, a partir de sua bagagem de experiências traumáticas e de suas reflexões teológicas, procura lembrar-nos de que, em meio aos abusos, traumas e feridas que carregamos, encontramos em Deus caminhos de restauração.

> Deus nos criou para vivermos com ele e uns com os outros numa comunhão de justiça e amor. [...] A humanidade não foi abandonada para lidar sozinha com as desagradáveis consequências de nossos fracassos mortais de não amar a Deus e ao próximo — uma fissura de antagonismo e sofrimento que mancha toda a história humana e marca a vida de cada indivíduo; em Cristo, Deus entrou na história humana e por meio da sua morte na cruz reconciliou definitivamente os seres humanos com Deus e uns com os outros.[10]

Os processos de cura acontecem àqueles que reconhecem a necessidade de restauração de sua imagem corporal, de sua dignidade como seres humanos, de sua identidade como filhos amados de Deus. E isso diz respeito tanto aos agredidos quanto aos agressores. Eis um dos grandes desafios do evangelho: Jesus propondo a possibilidade de restauração daquele que foi abusado e daquele que abusou. O Filho de Deus irrompeu em nossa história e nos desafiou a caminhos de perdão, de restauração, de um novo jeito de ser, de uma nova forma de nos relacionarmos uns com os outros.

---

[10] VOLF, *O fim da memória*, p. 53.

5

A fé cristã e o processo de adoecimento

....

Tenham a mesma atitude demonstrada por Cristo Jesus.

Embora sendo Deus,
    não considerou que ser igual a Deus
    fosse algo a que devesse se apegar.
Em vez disso, esvaziou a si mesmo;
    assumiu a posição de escravo
    e nasceu como ser humano.
Quando veio em forma humana,
    humilhou-se e foi obediente até a morte,
    e morte de cruz.

FILIPENSES 2.5-8

A grandeza, até mesmo para Deus e certamente para nós, não é estar acima das pessoas, mas estar com as pessoas, ouvir seu choro silencioso, compartilhar de seus sofrimentos, trazer consolo e dignidade. A mensagem da Bíblia hebraica é a de que as civilizações não sobreviveram por sua força, e sim pela forma como responderam ao fraco, não pelas riquezas, mas pelo cuidado que dispensaram aos pobres, não por seu poder, mas por sua preocupação com os desamparados. O que torna uma cultura invulnerável é a compaixão demonstrada aos vulneráveis.

JONATHAN SACKS[1]

....

---

[1] SACKS, *To Heal a Fractured World*, p. 37.

A fé cristã continua afirmando um Deus de autolimitação, que renuncia seu poder. Um Deus que se esvazia de sua glória, que ama o fraco a ponto de se encarnar no espaço e no tempo para estar perto dele e sentir sua dor. Para cuidar de alguém é preciso sentir com o outro, e nosso Deus sabe o que é padecer. Encarnou-se na pessoa de Jesus, como um vulnerável de uma família pobre da periferia do Império Romano. Jesus se apresenta ao mundo como uma criança sem lugar que espera ser cuidada. Ele escolheu o caminho da vulnerabilidade.

Quando penso nas diversas dimensões com as quais a igreja de Jesus ainda precisa aprender a dialogar, como as questões raciais, sociais e de gênero, sempre me vem à mente a necessidade de reconhecer a condição das pessoas com fragilidades ou deficiências visíveis. A meu ver, é um tema básico, que no entanto segue sendo minimizado. A igreja, não raro, apenas reproduz modelos pautados pela sociedade, valorizando os que parecem ser mais fortes, em termos físicos ou emocionais.

É verdade que, nas últimas décadas, o número de publicações sobre as questões relacionadas às deficiências, à teologia do corpo e ao bem-estar tem se ampliado de forma significativa. Ainda assim, há a necessidade de reflexões mais aprofundadas sobre o tema das deficiências, reflexões que se desdobrem em ações práticas. A autora Debora Beth Creamer aponta para o fato de que, por mais que na tradição cristã falemos sobre a universalidade de nossas deficiências, fragilidades, limitações e dores, há uma particularidade no que tange àqueles que enfrentam deficiências físicas. Não é possível abarcar todas essas questões como se fossem a mesma coisa. É necessário observar a universalidade mas também as particularidades das formas em que habitamos nosso corpo e como nos relacionamos a partir dele.[2]

As deficiências de modo geral são vistas como ameaças à independência e à noção de controle. A incapacidade de tomar conta das próprias necessidades físicas produz grande sofrimento, e a dependência de outros afeta a autoestima e o senso de propósito, o que pode resultar em depressão e outras emoções negativas. Mais uma vez, essa é uma área em que a fé pode fazer grande diferença.

É fundamental resgatar uma teologia que abrace a vulnerabilidade e fragilidade do ser humano, uma teologia que mostre de forma ampla nossas limitações e aponte para o poder de Deus que se revela nessas limitações e nos fortalece. Nossa experiência comunitária ainda é bastante restrita ao conceito de utilidade e produtividade. Não sabemos bem como lidar com pessoas com deficiências visíveis, e em geral não somos comunidades inclusivas. Felizmente, isso tem mudado ao longo dos anos, e mais e mais comunidades têm demonstrado sensibilidade para entender que o Corpo de Cristo é formado por pessoas diferentes umas das outras, e que todos têm seu lugar nesse corpo. Como bem observou Bonhoeffer: "Toda comunidade cristã precisa saber que a eliminação do frágil é a morte de uma comunidade".[3]

Sabemos que a sociedade não é inclusiva, que busca e valoriza aqueles que mais produzem, que se sobressaem, que aparentemente podem trazer uma contribuição em vez de prejuízos ou demandas de atenção. Todos nós, contudo, possuímos pontos de vulnerabilidade e fragilidade que exigem tratamento e cuidados. Como Corpo de Cristo somos

---

[2] CREAMER, *Disability and Christian Theology*.
[3] BONHOEFFER, *Vida em comunhão*, p. 98.

abençoados ao observar de forma clara o poder de Deus se aperfeiçoando em nossas fraquezas.

Palavras como *resiliência* e *superação* têm sido usadas frequentemente para nos motivar a seguir em frente e encarar as dificuldades que se impõem a nós, de forma a não parecermos tão frágeis e lidarmos de maneira mais sábia com esses desafios. Um autor define resiliência como "um conjunto de processos sociais e intrapsíquicos que possibilitam as pessoas manifestarem o máximo de inteligência, saúde e competência em contextos complexos adversos e sob pressão".[4] O problema não está nas palavras em si, mas no uso delas. Elas são conceitos, que auxiliam a entender algumas realidades. Todavia, não podemos perder de vista que não é só no ponto alto da superação que os grandes ensinamentos acontecem, mas também, e talvez sobretudo, no meio do caminho, quando apesar de nos sentirmos mais frágeis estamos acompanhados por Deus.

Em uma sociedade que vive na busca constante por aperfeiçoamento e produtividade, com uma série de cobranças para adequações a padrões, é contracultural afirmar quanto as fragilidades, as vulnerabilidades e até mesmo as deficiências encarnam o evangelho e podem promover transformações para o reino. Deus, que "se opõe aos orgulhosos, mas concede graça aos humildes" (Tg 4.6), age poderosamente mediante nossas fragilidades de modo a avançar a missão do reino de Deus no mundo. Portanto, podemos nos colocar diante dele em humildade e vulnerabilidade. Ele nos enxerga como somos, e não como pensamos que deveríamos ser. Conhece nossas limitações, nossas inseguranças, e reafirma que somos seus filhos amados. Cada um de nós, com nossas vulnerabilidades particulares.

---

[4] Pessini, *A arte de cuidar*, p. 140-141.

É nosso papel como Corpo de Cristo cuidar daqueles que possuem tanto limitações visíveis quanto invisíveis, trabalhar na promoção dos direitos e do acesso ao pleno desenvolvimento de cada ser humano dentro das possibilidades que nos são ofertadas como graça do Pai. A experiência da fragilidade nos aponta para o célebre texto do apóstolo Paulo sobre os tesouros em vasos de barro:

> Não andamos por aí falando de nós mesmos, mas proclamamos que Jesus Cristo é Senhor e que nós mesmos somos servos de vocês por causa de Jesus. Pois Deus, que disse: "Haja luz na escuridão", é quem brilhou em nosso coração, para que conhecêssemos a glória de Deus na face de Jesus Cristo.
>
> Agora nós mesmos somos como vasos frágeis de barro que contêm esse grande tesouro. Assim, fica evidente que esse grande poder vem de Deus, e não de nós.
>
> De todos os lados somos pressionados por aflições, mas não esmagados. Ficamos perplexos, mas não desesperados. Somos perseguidos, mas não abandonados. Somos derrubados, mas não destruídos. Pelo sofrimento, nosso corpo continua a participar da morte de Jesus, para que a vida de Jesus também se manifeste em nosso corpo.
>
> 2Coríntios 4.5-10

Não devemos jamais nos esquecer de nossa fragilidade e do grande poder e ação de Deus em nós.

A dádiva não aparente

A pessoa com deficiência nos oferece um presente que por vezes não é aparente, que é o da ressignificação dos ritmos da vida, da profundidade da doação em amor e do aprendizado de receber afeto.

A pessoa com deficiência pode responder de maneira madura a seus relacionamentos e em sua vinculação com o mundo. E mesmo naqueles em que as deficiências são severas, o presente escondido permanece: por se comunicarem prioritariamente em afeto e não entrarem na mentalidade da *performance*, da produtividade, eles trilham um caminho de subversão da lógica desumanizadora que despreza a vulnerabilidade. As pessoas com deficiência têm uma capacidade única de receber afeto, assimilando mais profundamente o amor incondicional de Deus, que não se baseia no mérito.

Conhecemos inúmeras histórias de pessoas com deficiência que se desenvolveram através de relações de afeto e cuidado, e que também foram sinais do Pai de amor na vida daqueles com quem convivem. Nosso primeiro passo no sentido de olhar com atenção as pessoas com deficiência é a escuta. Precisamos entender suas necessidades, ouvir seus sofrimentos, identificar por meio de relações de afeto o modo como Deus está se revelando em meio às dificuldades que a pessoa enfrenta.

Infelizmente, em alguns contextos culturais, deficiências e doenças ainda são vistas como maldição ou punição de Deus. Precisamos recuperar o ensino teológico sobre o sofrimento, desmascarar essas mentiras que oprimem as pessoas, abolir estigmas, promover espaços de cuidado e dar voz àqueles que convivem com deficiência, pois estes têm muito a nos dizer e a nos revelar sobre o poder do evangelho de Jesus. Além disso, devemos encorajar aqueles que lidam com deficiências e outros tipos de vulnerabilidade a se envolverem no ministério, para que a igreja como um todo entenda que Deus segue trabalhando a despeito de nossas deficiências, ou mesmo por meio delas. "Ao ver um enfermo, Jesus se recusou a olhar para trás a moralizar e a especular sobre 'quem pecou, ele ou seus pais'. Ele viu a doença como desafio e oportunidade para ajudar essa pessoa 'para que assim se manifestasse nela a obra de Deus'", lembra-nos Tomáš Halík, que conclui: "Crises podem ser oportunidades de crescimento e madurecimento."[5]

Fragilidade não é igual a deficiência, mas às vezes elas coexistem. A experiência da fragilidade é um dos pontos centrais no processo redentor de Deus. Fragilidade não é sinônimo de fracasso; antes, é o espaço sagrado no qual Deus pode trabalhar e pelo qual pode se relacionar conosco. A Palavra nos lembra de que, quando estamos fracos, então é que somos fortes. A força mediante a fragilidade é um paradoxo, mas de fato revela a glória de Deus e põe sob perspectiva nossas pretensões humanas. Deus trabalha e se revela a nós através de nossa vulnerabilidade e segue carregando e multiplicando sua missão pelo mundo por meio da humanidade, que, mesmo ferida e em sofrimento, testemunha do poder transformador do Pai amoroso que nos sustenta todo tempo.

A autora Marva J. Dawn, falecida recentemente e que durante toda a sua vida sofreu com adoecimentos físicos e deficiências, escreveu um precioso livro chamado *Joy in Our Weakness* [Alegria em nossa fraqueza]. Nele, Marva nos lembra que, apesar das dores que nos acometem, podemos suportar nossas fraquezas com paciência, juntos, uma vez que nossa esperança última e definitiva na vitória de Deus nos sustenta em meio ao nosso sofrimento. Vivemos então em uma espécie de "realismo cristão", que não ignora a presença do pecado, da maldade e do sofrimento no mundo. Esse "realismo cristão" é, segundo Dawn, uma visão mais profunda e otimista do que as teologias que nos distraem da experiência da cruz e da ressurreição, pois

---

[5] HALÍK, *Não sem esperança*, p. 29.

mostra que a aliança e o propósito de Deus vão permanecer conosco independentemente das adversidades que nos atinjam. E isso nos dá alento, alegria e esperança para continuar vivendo e desfrutando do que Deus tem proposto a nós.[6]

Sobre essa esperança fundamentada na cruz de Cristo, Anselm Grün escreveu:

> A cruz torna visível a sabedoria de Deus, que consiste justamente em seu amor que não exclui ninguém, mas que se volta especialmente às pessoas fracas e fracassadas. A cruz é sinal de um amor incondicional que dá esperança a cada pessoa que não tem nada a mostrar [...]. Portanto, a cruz é [...] a virada das trevas para luz, da impotência para novo poder, do ódio para o amor. Na cruz, Jesus arriscou-se até as primeiras linhas de frente da maldade humana, para vencê-la ali por meio da força de seu amor. Dessa maneira, a cruz é para nós um sinal da esperança de que não há nada que não possa ser transformado por meio da luz de Jesus Cristo.[7]

Todas as vezes que reforçamos o discurso de que fragilidade, dor e sofrimento são ônus daqueles que têm falta de fé, nós nos afastamos da mensagem central do evangelho e acabamos por promover mais sofrimento. Jamais podemos nos esquecer de que, em nossa jornada de redenção, houve uma cruz. E, por meio dessa cruz, do intenso sofrimento que ela acarretou a Jesus, o Filho de Deus, foi-nos oferecida reconciliação, vida em abundância e esperança. Reconhecer e identificar a realidade de que vivemos à luz da narrativa bíblica não torna o evangelho "pessimista"; antes, aponta para a profundidade da esperança e da salvação que recebemos.

---

[6] DAWN, *Joy in Our Weakness*.
[7] GRÜN, *A cruz*, p. 33.

O processo de adoecimento

Um dos momentos que mais nos aproximam de Deus, seja pela via da dependência ou do questionamento, é o do adoecimento. Como observou C. S. Lewis, na vida de muitas pessoas o raciocínio e a relação com Deus se dão de maneira distante e inconsciente, como um aviador pensa em seu paraquedas: sabe-se que está lá para os momentos difíceis, mas espera-se nunca ter de usá-lo.[8]

A doença nos confronta com a realidade da insegurança, da limitação, da dependência. Nossa dificuldade em lidar com o sofrimento explica o crescimento e a expansão dos ministérios da cura, que podem trazer benefícios, mas que também podem promover confusão. Não é incomum ouvir o salmo 91, por exemplo, ser usado como um mantra para uma fantasiosa imunidade contra os sofrimentos e as dificuldades da vida, com a afirmação de que nenhum mal chegará à nossa casa e de que as experiências de sofrimento estão reservadas apenas para os ímpios que nos cercam. Mas o salmista não está apontando para a ausência de sofrimento, e sim para o caráter de Deus, em quem podemos confiar e descansar mesmo em meio à dor:

> Aquele que habita no abrigo do Altíssimo
>   encontrará descanso à sombra do Todo-poderoso.
> Isto eu declaro a respeito do SENHOR:
>   ele é meu refúgio, meu lugar seguro,
>   ele é meu Deus e nele confio.
>
> Salmos 91.1-2

Possíveis respostas cristãs para a realidade da doença são o desenvolvimento de conceitos básicos acerca da vida humana,

---

[8] LEWIS, *O problema do sofrimento*, p. 55.

um ensino mais adequado acerca da teologia do sofrimento e das limitações que todos os seres humanos enfrentam, além da ênfase no apoio social que inclui família e comunidade. O peso e a intensidade de nossas dores físicas e emocionais impactam diretamente a forma como vivenciamos nossas relações com família, amigos, trabalho, comunidade de fé, e precisamos todos estar sensíveis a isso, em nós e naqueles que nos rodeiam.

Poderíamos pontuar diversos elementos associados a esse processo de adoecimento, do corpo que padece. A indústria médica e farmacêutica, por exemplo, cresceu vertiginosamente nos últimos anos, beneficiando-se desse cenário de precarização da vida. Além disso, apesar da qualidade dos profissionais e de iniciativas de cuidado por meio do sistema de saúde público, o acesso a equipamentos de saúde pública no Brasil ainda é complexo, insuficiente e por vezes mal gerenciado, e uma parcela mínima da população tem acesso a convênios médicos ou hospitais particulares.

Nestes anos de atuação na área de saúde pública, uma das principais crises que vejo nas famílias que adoecem é a questão financeira: o alto preço dos medicamentos, a dificuldade de recursos para condução e deslocamento até as unidades de atendimento, que precisam ser recorrentes durante um tratamento. Inúmeras vezes pacientes deixaram de vir ao atendimento psicológico no hospital por não terem dinheiro para o transporte e por residirem em regiões periféricas da cidade. Envidamos esforços para fazer agendamentos compatíveis com os dias em que eles já teriam outros compromissos na unidade hospitalar, como exames ou procedimentos. Todavia, isso nem sempre é possível para todos.

Há casos, ainda, de famílias que precisam trazer seus entes queridos com deficiências para as consultas e deparam com uma cidade ainda sem a devida acessibilidade para uma loco-moção digna. É comum presenciarmos mães e pais com filhos portadores de alguma deficiência dedicando até três horas de trajeto em diversas conduções, para chegar ao tratamento. Em nosso país, com tantas dificuldades socioeconômicas, muitas pessoas precisam ir até os grandes centros urbanos à procura de acompanhamento médico, separando-se de seus familiares e tendo de arcar com gastos de moradia e alimentação. Tive a experiência de trabalhar por um período em uma casa de apoio em São Paulo que oferecia abrigo a crianças e adoles-centes em tratamento oncológico, e também a seus familiares. Testemunhei o sofrimento de mães que precisaram deixar os outros filhos em sua cidade de origem e até em outros estados, a dificuldade de estarem sozinhas acompanhando o adoeci-mento dos filhos, a preocupação crescente com os gastos com medicações. Os prejuízos sociais e emocionais vividos em tais períodos são intensos. Aqui, também, a ação amorosa de co-munidades de fé em amparar essas famílias e promover su-porte de ordem prática, seja financeiro, emocional e espiritual, pode fazer toda a diferença.

A experiência de cuidar de alguém que enfrenta adoeci-mento é uma ruptura da vida cotidiana, uma reorganização de prioridades. Alguns lidam de forma mais natural com isso, enquanto outros relutam. Esses cuidadores enfrentam sen-timentos de impotência e abandono, distúrbios familiares, adoecimentos físicos e psíquicos, crises de fé, desgastes de formas as mais variadas. Porém, também podem identificar nesse processo amor, compromisso, altruísmo e sensibilidade, conhecendo mais de si mesmos e do caráter amoroso de Deus.

O processo de adoecimento afeta diretamente a família. A dificuldade que temos em contatar nossa fragilidade se reflete na comunicação entre os familiares ao longo do processo. Aquele que adoece não quer sobrecarregar os demais, e a família muitas vezes tem dificuldade de expressar suas preocupações, no receio de agravar a condição daquele que enfrenta o processo de adoecimento. Esse "pacto do silêncio", velado, prejudica significativamente as relações nesse período. É verdade que esse canal de comunicação não é criado automaticamente para solucionar as fantasias e os medos que habitam as relações. O padrão de relacionamento das famílias já desenvolvido ao longo dos anos é, na verdade, intensificado no período de adoecimento.

As dificuldades de compreensão e de comunicação adicionam mais dor ao quadro de adoecimento. Quantos pacientes já atendi em seu leito hospitalar que, além das incertezas e dos medos inerentes ao processo de adoecimento, precisam administrar o sentimento de inadequação em relação à própria família. Percebem que a família está sofrendo, mas não conseguem acessar esse conteúdo. E, quando recebem visitas de familiares ou amigos, muitas vezes ouvem apenas palavras de incentivo, não encontrando espaço para compartilhar o que sentem e para ouvir o que os outros estão sentindo, o que geraria um ambiente mais acolhedor para atravessar o período de sofrimento. É fundamental, portanto, que cada integrante desse núcleo familiar entre em contato com os próprios sentimentos, as próprias crenças e percepções acerca do que está acontecendo, a fim de identificar seus mecanismos de defesa, seus medos e angústias.

Adoecimento tratado de forma integrada

A espiritualidade ocupa parcela importante dos conteúdos que ouço quando realizo atendimentos psicológicos no hospital.

Não exerço o papel de capelã hospitalar onde trabalho, meu papel na instituição é de psicóloga. Engana-se, porém, quem acha que podemos compartimentalizar o ser humano e acessar apenas o que seria nossa "área de atuação". O cuidado se faz de forma integrada. Muitos profissionais de saúde se desesperam quando se dão conta de que estão despreparados para lidar com aquilo que estão ouvindo de seus pacientes. Buscam diagnósticos para esses pacientes, em vez de vê-los como pessoas integrais, daí a dificuldade para ouvir sobre emoções e anseios espirituais. Poucos são os médicos hoje que têm uma formação e um olhar integral para o paciente, escutando seu sofrimento emocional e espiritual e entendendo o impacto que isso exerce no estado de saúde geral.

Boa parte dos pacientes que escuto traz consigo questões relacionadas ao sentido da vida. De fato, o momento do adoecimento, seja de que tipo for, dá à pessoa uma perspectiva mais aguda de sua finitude e fragilidade. Com frequência, o processo de adoecimento nos afasta da rotina e das relações sociais, aproximando-nos de uma condição de dependência e de consciência daquilo em que pensamos e cremos como seres humanos. É então que deparamos com questões existenciais de forma mais intencional.

Quando se instala um processo de adoecimento crônico ou agudo, são muitas as perdas inicialmente sofridas. A quebra do equilíbrio da rotina traz consequências emocionais, como o luto da perda do corpo saudável, que traz consigo questionamentos afetivos e emocionais, e ocasiona também, em muitos casos, a necessidade da dependência constante de outras pessoas para o auxílio em atividades básicas do cotidiano. Insegurança, medo, sensação de abandono, perda de controle, tudo isso evoca outros sentimentos, como culpa, limitação e consciência da finitude. Uma crise se apresenta, a urgência de uma mudança de paradigma, uma necessidade de repensar as certezas.

É nesse momento, então, que podemos crescer em paciência, em conhecimento sobre os processos inerentes ao corpo humano, e sobretudo na dependência de Deus. Há que se respeitar o tempo, o *cronos*. Aos que convidaram a Deus para ser o agente da cura, há que se respeitar o *kairós*, o tempo do Espírito Santo de curar à sua maneira, dentro de seus propósitos, para sua glória.

Se Deus lhe perguntar: "Quer ser curado?", responda que sim, sente-se em silêncio ao lado dele, com humildade e o coração amolecido, e deixe que ele aja. Não desperdice o toque amoroso de Jesus e sua companhia, mesmo nos dias mais difíceis. Ele sabe o que é sofrer, suas feridas são prova de seu amor, de sua solidariedade conosco.

A palavra *cura* pode significar "restabelecimento de saúde", "tratamento", "correção de um problema" ou "solução". Não sabemos que tipo de cura Deus deseja realizar em nós. Alguns processos de adoecimento não são passíveis de cura no sentido de restabelecimento da saúde pregressa, mas pode acontecer em nossa vida de diversas formas, como bem nos lembra Marva J. Dawn: "O que perdemos talvez não possa ser restaurado da mesma forma que esses elementos de nossa vida tinham anteriormente, mas podemos experimentar diversos padrões de cura poderosa que nos levam à completude e a uma nova relação com nós mesmos, com os outros e com Deus".[9]

A compreensão de que nosso corpo é uma dádiva, de que nossa vida encarnada é um propósito do coração de Deus para

---

[9] DAWN, *Being Well When We're Ill*, p. 2.

nós, nos ajuda a permanecermos mais atentos aos movimentos do corpo, a ouvi-lo, observá-lo, cuidar de suas dimensões de maneira mais afetiva e intencional. Os processos de adoecimento podem nos agredir no contato direto com a degradação da matéria, de um corpo que padece, mas podem também nos provocar um movimento de maior atenção e sensibilidade aos movimentos de Deus em nós por meio da vida encarnada. Por isso a importância de reconhecer a saúde como uma tarefa espiritual, no sentido de que nossa vida espiritual não fica acima de nosso corpo; antes, o corpo e sua escuta tornam-se parceiros de nossa caminhada de integração.

Em cada contexto, a mensagem do evangelho nos vem de uma forma significativa com relação à promessa de redenção, restauração e cura. A dra. Diane Stinton, professora e teóloga canadense que viveu por décadas na África, ressalta que uma das principais dimensões sobre a afirmação de que Deus se encarnou em Cristo se dá em um contexto no qual o povo segue à procura de curandeiros e milagreiros. O processo saúde-doença é profundamente marcado por uma visão de que a saúde é algo não apenas biológico, mas engloba todos os aspectos da existência, ou seja, que embora o adoecimento possa ter causas orgânicas, ainda é atribuído a doenças espirituais ou sobrenaturais causados por ofensas a Deus ou a espíritos ancestrais, por possessão demoníaca, bruxaria, quebra de tabus e maldições de familiares e membros das comunidades, entre outros fatores semelhantes. Assim, a mensagem do evangelho da encarnação de Cristo como aquele que promove cura e oferece vida faz que o continente africano apresente uma forte tradição de ministérios cristãos de cura e libertação.[10]

---

[10] STINTON, *Jesus of Africa*, p.62

Como já mencionado anteriormente, nosso contexto brasileiro sincrético também se encontra permeado dessa mesma realidade, e é preciso ter discernimento espiritual para cada situação distinta. De todo modo, não há como negar que vivemos em meio a uma luta espiritual neste mundo, e que, sim, muitas pessoas podem ser e serão curadas de maneira imediata graças à ação do Espírito Santo.

Todavia, como nos lembra Maxine Hancock: "A cura emocional ou espiritual pode ser instantânea para alguns, e muitos testificam de curas espirituais catárticas, momentos que os levaram à saúde. E alguns experimentaram isso na cura física imediata. Mas, na maior parte dos casos, a cura é deliberada, dirigida, processual". Ela menciona, por exemplo, curas físicas de acidentes. "Para sobreviventes, são meses ou até anos para que todos os processos aconteçam. Cirurgias, intervenções, etapas de recuperação. A cura em geral leva tempo. [...] Começamos engatinhando, ficando em pé, e então caminhando em pequenos passos na companhia de Deus."[11]

Jesus, em seus encontros narrados nos evangelhos, ofereceu seu toque amoroso e sua companhia a pessoas que enfrentavam diferentes situações de desamparo e de sofrimento, pessoas excluídas de seus contextos sociais, cansadas da opressão, que lutavam com questões emocionais, espirituais e materiais. E ofereceu, com sua presença, um abrigo para descansar. Um toque de cura. Um desejo de restauração. "Venham a mim todos vocês que estão cansados e sobrecarregados, e eu lhes darei descanso", disse ele. "Tomem sobre vocês o meu jugo. Deixem que eu lhes ensine, pois sou manso e humilde de coração, e encontrarão descanso para a

---

[11] HANCOCK e MAINS, *Child Sexual Abuse*, p. 84.

alma. Meu jugo é fácil de carregar, e o fardo que lhes dou é leve" (Mt 11.28-30).

Bioética e adoecimento

O desenvolvimento da medicina moderna e a aquisição de conhecimento dos processos biológicos são fatores que contribuíram para a ilusão de controle quanto ao corpo, como se este fosse mais uma das propriedades privadas humanas. Quando o corpo é considerado apenas propriedade privada ou um amontoado de processos biológicos, perde-se de vista a integralidade do ser humano e a noção da vida como dádiva de Deus.

Sem dúvida, é benéfico o uso adequado e profícuo das descobertas tecnológicas para a promoção e o tratamento da saúde. Todavia, a perspectiva da bioética, do que é ético nas temáticas de vida e morte, tem sido cada vez mais discutida na sociedade. Em geral, em espaços de aconselhamento, os cristãos ainda se mostram hesitantes e confusos quanto aos limites e às possibilidades desse conhecimento biológico. E de maneira alguma desejo dar a impressão de que tais questões sejam simples. Não são. Muitos dos temas suscitados envolvem sofrimentos, questionamentos, inquietações. Por isso precisamos abordá-los com sabedoria e discernimento.

O filósofo Alasdair McIntyre afirmou: "Eu só posso responder à pergunta: 'O que eu devo fazer?' se antes puder responder à pergunta: 'De que história ou de quais histórias eu faço parte?'".[12] Quando sabemos de que narrativa fazemos parte, temos um ponto de partida para essas reflexões que muitas

---

[12] McIntyre, *After Virtue*, p. 216.

vezes são complexas diante da diversidade de circunstâncias e contingências da vida. A cada escolha, a cada decisão, expressamos o que entendemos como o significado da vida humana.

Existem diferenças nas perspectivas cristã e secular em questões de ética médica. Autores cristãos como Shuman e Völck salientam que vivemos tempos pautados por uma crise de autoridade, em que forças inter-relacionadas tais como a secularização, a ascensão da medicina tecnológica e a privatização das crenças promovem um conflito e uma relativização na interpretação do corpo.[13] Ainda assim, a despeito da visão adotada, quando a doença ou a deficiência nos aflige, torna-se inevitável refletir sobre seu significado para nós como seres humanos.

Nesse momento crucial, faz-se necessário lembrar mais uma vez, como observou Stanley Hauerwas, que não somos mentes com corpos em sofrimento, mas nos tornamos corpos em sofrimento de maneira completa, envolvendo todos os aspectos de nosso ser e de nossa pessoalidade.[14] Ou, como afirmou Nancy Pearsey:

> A visão bíblica é holística. Reconhece que corpo e alma são complementares, formam uma unidade integrada física e psíquica. Todos que são humanos são, portanto, pessoas. Somos pessoas encarnadas. A ética cristã se baseia em uma visão rica e multidimensional que diz que temos valor moral em todos os níveis, físicos e espirituais. A beleza dessa ética bíblica emerge claramente quando comparada à visão fria do que significa a vida humana atualmente no pensamento secular.[15]

---

[13] Shuman e Völck, *Reclaiming the Body*, p. 15.

[14] Hauerwas, "The Sanctified Body: Why Perfection Does Not Require a 'Self'", in Powell e Lodahl (orgs.), *Embodied Holiness*, p. 29.

[15] Pearsey, *Love Thy Body*, p. 48.

Neste ponto, é relevante mencionar brevemente o significado das questões éticas sobre o tema da vida que surgem quando a vida se encontra ameaçada por desequilíbrios de saúde. Nossos dilemas não são lineares, as variáveis que se apresentam são complexas, histórias e contextos precisam ser abordados não apenas por princípios gerais, mas por cuidados singulares. A abordagem cristã a tais questões deve se basear na prerrogativa da vida, nos princípios éticos da santidade da vida, da compaixão, da graça e da misericórdia, e também em uma teologia bíblica do sofrimento, a fim de ter discernimento para enfrentar as limitações do ponto de vista da pessoa, da família e da comunidade como um todo.

O ensino de uma compreensão equilibrada do conceito de personalidade e pessoalidade também é relevante para compreender os agentes morais envolvidos em tais situações e para avaliar quais são os elementos a ser levados em consideração, não apenas racionalidade, consciência, direitos ou desejos, mas também a revisão de como as pessoas foram criadas à imagem de Deus e a dignidade que isso traz à vida. Esses princípios devem impor-se especialmente aos cristãos no processo de tomada de decisão, uma vez que essa visão de mundo pressupõe que a vida humana tem especial valor, como criação à semelhança de Deus, apesar das limitações físicas ou emocionais que possam acometê-la.

A Bíblia também apresenta uma doutrina de amor, compaixão e graça que deve ser expressa a todo ser humano, independentemente da situação em que se encontra ou dos padrões que outros usam para avaliá-lo, por mais racionais que pareçam ser. Como seguidores de Jesus Cristo, devemos ser promotores da vida e protetores de todas as formas de vida, incentivando ações para o bem e a justiça de todos, pois a vida tem valor intrínseco. Importante para nossa existência é o valor da santidade da vida como uma dádiva de Deus que deve ser honrada. Os seres humanos criados receberam o dom do livre-arbítrio e da administração do tempo da vida, mas também o dom de uma vida à luz da graça, da misericórdia e da dependência de Deus.

O conceito de vida como dádiva deve ser tratado de uma perspectiva mais rica e profunda do que a noção atual de direito à vida, que é mais uma das consequências de uma abordagem pós-moderna do envolvimento com a vida, na qual as pessoas se sentem habilitadas a seus próprios direitos privados em detrimento de uma visão coletiva e responsável, e em detrimento até mesmo da soberania de Deus.

Exige-se o entendimento de uma vasta gama de conceitos na discussão do corpo e da vida, da ética de nossa forma encarnada de viver, de nossas relações de afeto, das questões sobre o fim da vida, do que é qualidade de vida e do que é morrer com dignidade. Ao abordar o âmbito das doenças com prognósticos desfavoráveis, por exemplo, deve-se conceder espaço para o cuidado, a compaixão, o conforto e a graça oferecidos tanto pela equipe médica como pela família, que podem envolver o paciente nessa abordagem, proporcionando atenção digna em um momento de angústia. De todo modo, parece-nos que o julgamento do que poderia ser ou não uma boa qualidade de vida é demasiado subjetivo para servir de argumento na decisão de encerrar uma vida e o sofrimento resultante de uma doença. Os cuidados paliativos têm se provado muitas vezes eficazes no atendimento de pacientes com doenças crônicas e daqueles que enfrentam situação de terminalidade de vida.

De fato, em diversas ocasiões sou indagada sobre a questão dos cuidados paliativos, e já vivi situações familiares que demandaram reflexão a respeito desse tema. Nas unidades de saúde, as equipes médicas têm se conscientizado cada vez mais da importância de debatê-lo. Muitas vezes, ao ouvir a expressão "cuidados paliativos", as pessoas deparam com a tristeza e a preocupação de que não há nada mais a ser feito a não ser aguardar um desfecho ruim. Alguns questionam até se acatar a orientação da equipe sobre os cuidados paliativos significa desistir de investir na cura da pessoa amada. A Organização Mundial de Saúde (OMS) define assim:

> Cuidados Paliativos consistem na assistência promovida por uma equipe multidisciplinar, que objetiva a melhoria da qualidade de vida do paciente e seus familiares, diante de uma doença que ameace a vida, por meio da prevenção e alívio do sofrimento, por meio de identificação precoce, avaliação impecável e tratamento de dor e demais sintomas físicos, sociais, psicológicos e espirituais.[16]

O objetivo, então, é auxiliar a pessoa nas adaptações que o processo de adoecimento demanda, não se utilizando de medidas invasivas e procurando proporcionar um cuidado mais abrangente, aliviando dores e oferecendo sustento em seu cuidado holístico. Isso se dá em doenças crônicas, cujo percurso pode ser mais longo, ou em doenças agudas, cujo desenvolvimento resulta mais acelerado.

Nesse processo surgem questionamentos por partes daqueles que têm a fé cristã como base e acreditam que Deus pode reverter quadros graves e promover cura. Porém, novamente

---

[16] Instituto Nacional de Câncer (INCA), "Cuidados paliativos", <https://www.inca.gov.br/controle-do-cancer-do-colo-do-utero/acoes-de-controle/cuidados-paliativos>. Acesso em 22 de junho de 2021.

na intersecção entre fé e ciência, sabemos que fomos agraciados com recursos que podem, de diversas formas, amenizar a dor e trazer alívio ao sofrimento de pessoas e famílias, e isso não impedirá a ação e a soberania de Deus nos processos.

Em suma, o tema da bioética está presente em muitas de nossas demandas de aconselhamento. Trata-se de situações não lineares, que exigem diálogo e avaliação, a fim de que encontremos caminhos de sabedoria. Recorremos aos princípios registrados nas Escrituras, rogamos a Deus por sabedoria, reunimo-nos com pessoas de confiança, conselheiros, pessoas mais experientes, sempre em busca de discernimento.

Comunidade de fé e o corpo padecente

Na minha prática em saúde pública, tenho constatado a influência benéfica do vínculo comunitário naqueles que enfrentam situações de adoecimento. São inúmeras as situações de pessoas lutando com o adoecimento que recebem suporte emocional e espiritual de seus companheiros na jornada da fé, os quais, intencionalmente e com muito amor, fazem visitas ao leito hospitalar, se organizam de forma voluntária para fazer companhia em internações ou exames, auxiliam a dinâmica da família cuidando das crianças, levando refeições, promovendo caronas, entre outras tantas demonstrações de afeto e suporte.

Em congressos e pesquisas na área de saúde, tem sido cada vez mais comum o estudo científico desse fenômeno. O psiquiatra e professor Harold Koenig, da Universidade Duke, nos Estados Unidos, é há mais de três décadas uma das referências nessa temática, tendo escrito diversos livros sobre a interface entre religião, medicina e saúde. Koenig observa que as crenças religiosas de muitos pacientes os ajudam a enfrentar seus processos de adoecimento, influenciando também escolhas e decisões médicas.[17] Percebo essa necessidade dos pacientes de trazer à tona suas questões de ordem espiritual e quanto isso influencia sua compreensão e enfrentamento do momento vivido. É relativamente recente a preocupação dos profissionais de saúde em nosso contexto com essa escuta apurada acerca dos sofrimentos que vão além da objetividade dos quadros clínicos. Tratar da subjetividade de cada paciente em meio à dinâmica acelerada do dia a dia de fato constitui um desafio. Daí a importância de se compreender quanto uma equipe integrada e com escuta qualificada pode auxiliar profundamente o acompanhamento daquele que adoece.

Para efeito de observação, os pesquisadores distinguem três tipos diferentes de sofrimento. Chamam de *sofrimento existencial* o que diz respeito à ausência de significado para a vida terrena; de *sofrimento espiritual* o que se refere à ausência de percepção de uma realidade transcendente à vida material; e de *sofrimento religioso* aquele que dá conta de um descumprimento de obrigações para com a religião ou para com o Deus professado por essa religião. E procuram buscar categorias de interpretação para entender como as pessoas enfrentam tais questões. Esses modelos de enfrentamento da situação de adoecimento se baseiam no significado individual que cada pessoa atribui à experiência, nos recursos disponíveis para lidar com a situação, nas experiências que a pessoa viveu em relação ao tema, no sistema de orientação adotado por ela e nas crenças que ressignificam essas experiências vividas.[18]

---

[17] KOENIG, *A espiritualidade no cuidado com o paciente.*
[18] FARIA e SEIDL, "Religiosidade e enfrentamento em contextos de saúde e doença".

Hoje, os estudiosos do tema já desenvolveram até instrumentos, como escalas de avaliação do que chamam de "enfrentamento religioso". Tais escalas foram desenvolvidas no intuito de auxiliar profissionais de saúde a identificar aspectos subjetivos pelos quais uma pessoa lida com seu processo de adoecimento recorrendo aos recursos de seu "sistema religioso". Afirmam que esse enfrentamento pode ser positivo ou negativo.

No que chamam de "padrão positivo", a pessoa que enfrenta o adoecimento faz uso de seu sistema de crenças em busca de apoio espiritual, realizando um enfrentamento colaborativo. Ela afirma o potencial de ter uma ligação espiritual e pode interpretar o adoecimento como um processo de purificação religiosa. Assim, faz uma redefinição bondosa do fato estressor, ou seja, procura encontrar um "lado positivo" para a situação de sofrimento que enfrenta.

Já no "padrão negativo" a relação com o sistema de crenças pode evocar sentimentos de culpa com potencial de ocasionar ainda mais sofrimento ao paciente, levando à sensação de abandono, desamparo e baixa autoestima. Alguns profissionais de saúde incluem nesse "padrão negativo" orientações religiosas que podem fazer o indivíduo abandonar o tratamento médico tradicional, o que pode resultar na piora do quadro clínico.[19]

Ao observar padrões de comportamento de pacientes que afirmam ter crença religiosa, pesquisadores notaram padrões de engajamento da pessoa com o problema que enfrenta e os descreveram didaticamente em três categorias:

- *Perspectiva autodirigida.* Neste caso, a responsabilidade da problemática sofrida é atribuída à própria pessoa, e

---

[19] Peres et al., "Espiritualidade, religiosidade e psicoterapia".

Deus é colocado em um lugar de doador de liberdade para que o ser humano dirija sua vida e suas escolhas, e portanto os processos de adoecimento são interpretados como consequências de suas próprias ações.

- *Perspectiva delegante.* Nesta visão, a pessoa "delega" a responsabilidade da solução de seus problemas ao Deus que professa, transferindo a ele a responsabilidade completa e aguardando que a resolução e a cura venham por meio dos esforços do divino.

- *Perspectiva colaborativa.* Aqui, a responsabilidade e a participação ativa é atribuída tanto a Deus quanto à pessoa, uma vez que ambos têm um papel a cumprir na resolução dos problemas ou no desfecho das situações.[20]

É verdade que, em muitas dessas análises, encontram-se as críticas feitas ao longo dos séculos à religião, isto é, de que a experiência da fé e da crença reforçaria um comportamento ilusório, uma fuga e falta de responsabilidade pessoal no enfrentamento da realidade, atribuindo a Deus tanto a origem quanto a culpa por todas as coisas. Ainda assim, há um interesse crescente por parte de alguns integrantes da comunidade científica na tentativa de elucidar os benefícios decorrentes dessa relação com o divino, mesmo diante da realidade do mal, da morte e dos mistérios da vida. Há uma percepção de que essa relação com o divino permite que se enfrente o processo de adoecimento com mais força e esperança, pois a pessoa enxerga sentido e significado em sua vida. Com frequência, aqueles que cultivam a fé também se sentem mais

---

[20] FARIA e SEIDL, "Religiosidade e enfrentamento em contextos de saúde e doença".

amparados por acreditarem que não estão sozinhos, mas debaixo do cuidado de um Deus capaz de transformar situações de mal em bem.

Outro aspecto que constato diariamente em minha prática profissional é o valor do engajamento comunitário. Por vezes, ao conversar com a assistente social, sou informada de que o paciente não tem familiares, mas ainda assim ele recebe visitas constantes de amigos e irmãos da igreja, que se organizam de modo a cuidar daquele que enfrenta a situação de adoecimento.

Em uma das reuniões de diretoria institucional da qual participei, ouvia os dados e estatísticas referentes ao estoque do banco de sangue do hospital, que se manteve baixo por meses seguidos, até que o gráfico revelou que, em determinado mês, registrou-se uma alta nas doações. Ao ser questionada pelo diretor, a pessoa que apresentava os números afirmou que naquele mês o movimento do banco de sangue havia sido intenso, pois uma das pacientes internadas era de uma igreja cristã cujos membros se mobilizaram para suprir aquela necessidade, tendo ajudado a muitas outras pessoas. Um nítido exemplo da importância do engajamento e do serviço comunitário para a sociedade de maneira ampla.

Quanto à espiritualidade cristã e sua relação com os processos de sofrimento, Koenig afirma:

> Em nenhuma outra religião do mundo Deus se torna especificamente humano com a intenção de sofrer e morrer para salvar os seres humanos deles mesmos. Os cristãos acreditam que não somente Deus os ama, mas que também os ordena a amar uns aos outros e fazer isso incondicionalmente (até mesmo a seus inimigos). Todas essas crenças podem influenciar profundamente a

saúde mental e as relações humanas, de tal modo que só agora as pesquisas sistemáticas começaram a descobrir.

[...] Não é de se surpreender então que, antes do desenvolvimento do sistema de saúde mental moderno, os primeiros que procuraram responder a questões de saúde mental foram profissionais cristãos. Sua abordagem enfatizava a bondade e compaixão, a humildade, a confissão, o perdão, e o encorajamento de atitudes positivas e esperançosas e de comportamentos e códigos morais necessários para a saúde, desenvolvimento e florescimento individual e comunitário. Obviamente, nem sempre comunidades e indivíduos cristãos atuaram sob tais princípios, e nem sempre fizeram pleno uso de seu potencial. De todo modo, a tradição da fé cristã tem muito a contribuir hoje para os profissionais de saúde mental no cuidado de cristãos e de não cristãos.[21]

Cabe lembrar que no Brasil a capelania hospitalar, isto é, a assistência espiritual na internação, é legalmente garantida. Assim estipula a Lei nº 9.982, de 14 de julho de 2000:

Art. 1º Aos religiosos de todas as confissões assegura-se o acesso aos hospitais da rede pública ou privada, bem como aos estabelecimentos prisionais civis ou militares, para dar atendimento religioso aos internados, desde que em comum acordo com estes, ou com seus familiares no caso de doentes que já não mais estejam no gozo de suas faculdades mentais.

Art. 2º Os religiosos chamados a prestar assistência nas entidades definidas no art. 1º deverão, em suas atividades, acatar as determinações legais e normas internas de cada instituição hospitalar ou penal, a fim de não pôr em risco as condições do paciente ou a segurança do ambiente hospitalar ou prisional.[22]

---

[21] KOENIG, *Protestant Christianity and Mental Health*, p. 1-2.

[22] Lei nº 9.982, de 14 de julho de 2000, <http://www.planalto.gov.br/ccivil_03/leis/l9982.htm>.

Dentre os objetivos dessa assistência ao paciente, estão a escuta cuidadosa do que o paciente e seus familiares estão enfrentando, o encorajamento, a intercessão, a ressignificação de questões relacionadas ao sentido da vida e ao sentido atribuído à experiência vivida, e muitas vezes um processo de reconciliação com Deus, de busca de perdão e de reflexões acerca do legado espiritual. É de suma importância que as pessoas envolvidas nesse trabalho, sejam elas profissionais ou voluntárias, recebam preparo adequado, a fim de compreender não só as questões relacionadas aos sistemas de crenças e fé, mas também as etapas inerentes ao processo de adoecimento e hospitalização. É preciso sabedoria e discernimento para abordar os pacientes e para reconhecer limites e possibilidades na relação com a equipe de saúde, com o intuito de abençoar e acrescentar, em vez de agravar os processos já sofridos pelo paciente e sua família.

A primeira vez que testemunhei o impacto do trabalho de capelania foi na infância, aos 7 anos de idade, na igreja onde congregava. Havia ali pessoas comprometidas com esses ministérios no Hospital São Paulo e no Hospital das Clínicas, entre outros. Lembro-me de que acompanhávamos nossos pais e professores de escola dominical por meio de peças de teatro em ocasiões especiais, sempre respeitando as orientações e indicações institucionais e os horários de visita. Por vezes preparávamos em nossas classes do ministério infantil as lembranças que alguém levaria para os pacientes internados. Desde então, compreendi a seriedade e o alcance dessas ações, e como a comunidade cristã pode abençoar de tantas formas os que sofrem, oferecendo consolo, abraço, intercessão e uma escuta solidária. Compreendi também a importância de que esse trabalho seja feito com qualidade, para que as intervenções no âmbito da espiritualidade não interfiram negativamente no tratamento dos pacientes. Por isso as capacitações e treinamentos são essenciais, visando a compreensão tanto das experiências de fé quanto dos processos de adoecimento.

Cuidando de quem cuida

Nossos primeiros modelos e práticas de cuidado costumam vir justamente do ambiente no qual nós crescemos. A inclinação de nosso coração, desde muito pequenos, é o egoísmo, e por isso precisamos ser educados e sensibilizados ao longo da vida para que nossos comportamentos nos conduzam na direção do outro. O aprendizado se dá na relação com o outro, e assim vamos aprendendo a amar e a nos mover para além dos interesses próprios.

Por vivermos num mundo caído, muitas pessoas crescem em ambientes desfavoráveis, agressivos, opressores, que desafiam a dignidade humana. Há um número crescente de crianças sendo expostas cada vez mais cedo a dores que deixam marcas profundas. Precisamos cuidar dos adultos e, de forma intencional e direcionada, cuidar da infância de nossas crianças.

Sou uma cuidadora. Desde cedo me identifiquei dessa maneira, e ao longo dos anos fui observando não só na teoria, mas também na prática, as bênçãos e os riscos que isso impõe. Atualmente, estuda-se o estresse do cuidador, a fadiga por compaixão, o *burnout* ligado ao cuidado. Percebemos nitidamente que o cuidador adoece quando é exposto a situações repetidas e prolongadas de sofrimento ou de estresse. Isso é algo que observo tanto na área da saúde quanto em nossas comunidades cristãs. Quando o cuidador é negligente com seu autocuidado e, por diferentes razões, segue servindo e trabalhando sem se atentar para aquilo que é básico em sua própria vida, como alimentar-se e descansar, nutrir as próprias relações e vínculos, ao longo do tempo esse padrão de comportamento poderá provocar apatia, raiva, endurecimento do coração e das relações de afeto, inclusive com aqueles a quem presta seu cuidado. Tenho consciência de que esse estresse e esgotamento emocional também ocorre em outras práticas profissionais e ministeriais, mas aqui me aterei a refletir sobre aqueles que cuidam de pessoas em sofrimento e também sobre aqueles que servem em nossas comunidades de fé.

Em uma entrevista concedida à escritora Clarice Lispector, o psicanalista Hélio Pellegrino foi questionado sobre o estresse daquele que pratica uma escuta qualificada e que acolhe o sofrimento dos outros. Eis sua resposta:

> Receber confidências, esforçando-se por compreendê-las, é um exercício de amor. O amor é, a meu ver, o grande desintoxicante, o antídoto mais poderoso contra os venenos da alma. O padre, no confessionário, à medida que não se torna um burocrata, encontra na própria atividade que exerce o alimento para sua renovação espiritual e psicológica. Não são as confidências que intoxicam. O que faz mal é o tédio, o desinteresse, a ausência de simpatia, a cegueira ao Outro.[23]

A escuta e o acolhimento realizados em amor são, de fato, um diferencial no cuidado com as pessoas, tanto para quem pratica quanto para quem é cuidado. A indiferença, por sua vez, é um grande sinalizador de problema, ao mesmo tempo que o exercício constante da empatia e da compaixão também pode se tornar um processo exaustivo e gerar adoecimentos.

---

[23] LISPECTOR, "Hélio Pellegrino", in *Entrevistas*, p. 63.

Mas cabe observar com atenção que o exercício do cuidado pode se tornar tóxico ou um comportamento compensatório de diversos desequilíbrios da vida. É preciso vigiar o equilíbrio do cumprimento de nossa vocação e nosso autocuidado.

Com efeito, um dos temas preponderantes nos encontros que realizo com as comunidades de profissionais tem sido a síndrome de *burnout*. Descrita pela primeira vez na literatura científica na década de 1970, é caracterizada por três aspectos: exaustão, despersonalização/cinismo e ineficácia profissional/redução do sentimento de realização.

O aspecto de exaustão diz respeito a uma fadiga generalizada, investimento excessivo no trabalho, tempo e esforço direcionado a uma tarefa. O aspecto da despersonalização trata do fato de que, nesse período de exaustão extrema, o indivíduo acaba por se distanciar afetivamente de suas tarefas, perdendo o senso de significado do que faz, o que desemboca em uma atitude de cinismo e de negligência com as relações sociais no ambiente de trabalho. Então, ocorrem a redução do sentimento de realização e a sensação de ineficácia profissional. Com isso, todas as propostas de reflexão sobre o trabalho, as possibilidades de melhoria, a alteração do cenário atual, soam como perda de energia e de tempo.

Algumas das possíveis consequências da síndrome de *burnout*, além de prejuízos na prática da própria atividade profissional, têm sido problemas de saúde física, quadros depressivos e impactos negativos nas relações familiares. Esses efeitos têm sido encarados pela comunidade científica como tão maléficos à saúde quanto combinações entre obesidade e tabagismo, por exemplo. No entanto, como tudo o que diz respeito à saúde mental, é uma síndrome que ainda sofre preconceitos e desconfianças e, em geral, não é tratada com a devida atenção.

Em uma sociedade movida pelo desempenho e pelo excesso de positividade, o descompasso entre o corpo que trabalha e o corpo que descansa faz a pessoa adoecer. Como observou o filósofo Byung-Chul Han em sua obra *Sociedade do cansaço*:

> O excesso de trabalho e desempenho agudiza-se numa autoexplo-ração. Essa autorreferencialidade gera uma liberdade paradoxal que, em virtude das estruturas coercitivas que lhe são inerentes, se transforma em violência. Os adoecimentos psíquicos da socie-dade do desempenho são precisamente manifestações patológi-cas dessa liberdade paradoxal.[24]

Esse cansaço se reflete, então, nas mais diversas formas de adoecimentos físicos, psicológicos e espirituais. O pastor Ti-mothy Keller faz esta observação sobre a prática daqueles que cuidam:

> As pessoas que trabalham nas profissões de cuidado (e o minis-tério pastoral, assim como a medicina, incluem-se aqui) são ten-tadas a se sentir superiores porque seu trabalho é bastante nobre e bem exaustivo. Embora os profissionais de saúde se desgastem em longas e estressantes horas e literalmente salvem vidas, en-contram muita gente ingrata, irracional e teimosa que retribui todo esse trabalho árduo com malevolência e processos na justiça. Isso pode resultar em um perigo espiritual correlato.[25]

Na prática do cuidado pastoral, as demandas e necessida-des são amplas, e diferentemente, por exemplo, de um cargo

---

[24] HAN, *Sociedade do cansaço*, p. 30.
[25] KELLER e ALSDORF, *Como integrar fé e trabalho*, p. 17.

profissional nas áreas da saúde e social, há uma dificuldade na imposição e no reconhecimento de limites, tanto por parte de quem cuida como de quem é cuidado. Em outras palavras, os envolvidos no ministério em tempo integral nas comunidades religiosas são compreendidos como pessoas que precisam ter suas agendas disponíveis o tempo inteiro para acolher, escutar e visitar. Nem sempre os membros dessas comunidades compreendem a necessidade que a pessoa envolvida no ministério tem de desfrutar de lazer, de tempo com a família, de cuidados com a própria saúde física e emocional.

A questão do sofrimento pastoral e da fadiga por compaixão pode ser vista principalmente no sofrimento de nossos missionários, muitas vezes enviados para servir em espaços de vulnerabilidade, expostos a situações de privação, violência e trauma. Muitos se desgastam com o tipo de assistência que necessitam prestar no ambiente hostil em que estão inseridos, carecendo do suporte emocional, espiritual e até financeiro daqueles que os designaram para ocupar esses espaços. Precisamos rever nossas práticas e reconectar os pontos: não basta o envio e a celebração de mais uma missão, é preciso manter a atenção e o cuidado. Aqueles que receberam de Deus o chamado para servir em situações desafiadoras devem ser plenamente amparados por aqueles que têm os recursos para fazê-lo.

Ainda são comuns os estigmas relacionados ao sofrimento pastoral. Existe uma culpabilização da pessoa sem que haja a compreensão da estrutura e dos modelos de trabalho que podem estar causando tal sofrimento, e isso torna o sofrimento ainda mais insustentável, pois é potencializado pela responsabilização indiscriminada de que aquele que sofre sofre justamente por alguma fragilidade ou problema de ordem pessoal.

Parece haver em nossas comunidades uma construção ilusória e fantasiosa de que, se alguém foi chamado para praticar o cuidado, ele se torna uma espécie de super-herói, imune a quaisquer empecilhos em sua vocação.

Certa vez, ao terminar uma palestra, fui procurada por um dos participantes que me abriu o coração, dizendo que sofria um processo de depressão depois de muitos anos servindo como pastor em uma comunidade na periferia daquela grande cidade. Havia sido convidado pelos líderes da sua denominação para passar um tempo na chamada "comunidade-mãe" daquela congregação, para renovar as forças. Entenderam que a mudança de ambiente lhe faria bem. No entanto, em vez de cuidarem de suas feridas, designaram-no como responsável para, segundo ele, "gerenciar" um dos ministérios daquela igreja em um modelo estrutural muito distinto daquele que ele conhecia. Na pequena congregação de periferia onde ele pastoreava, sofria ao ver as famílias em situação de vulnerabilidade passando por todo tipo de privação, com as perdas, a violência e todas as questões que um cenário de desigualdade social apresenta. Agora, convidado a ter um tempo de renovação, encontrou outra realidade desafiadora. Precisava apresentar resultados, bater metas, cumprir expectativas dentro daquela grande estrutura que ele desconhecia. Já se achava cansado e machucado, e a proposta de "tempo de renovação" só agravou seu sentimento de inadequação e inutilidade, "sentimentos para os quais seminário algum me preparou", disse ele.

Conversamos sobre suas relações pessoais, e ele afirmou não ter amigos nesse local novo, mas que se lembrava com saudade das senhoras daquela pequena congregação de periferia que semanalmente lhe perguntavam se ele e sua família precisavam de algo, que oravam com ele para incentivá-lo em seu serviço. Após nossa conversa, oramos juntos e ele me deu uma palavra de encorajamento fazendo outra confissão. Disse-me que seu pai havia sido pastor de uma comunidade no interior daquele estado durante décadas e que teria "morrido de desgosto e solidão" por sentir-se descuidado após anos de serviço à comunidade de fé. Ele temia estar seguindo o mesmo caminho, mas disse que agradecia a Deus por espaços como aquele que havíamos promovido naquela noite para pensar e integrar questões de fé e saúde. Por fim, exortou-me dizendo que a nova geração deveria auxiliar as gerações mais velhas a falar sobre seus sentimentos, repensar suas vivências na estrutura da comunidade de fé, buscar intencionalmente relacionamentos de amizade e voltar a conversar em comunidade sobre a importância de cuidarmos de quem cuida.

Conto essa história aqui com autorização dele, e sei que muitos já viveram situações e sentimentos similares. Em outro espaço de conversa sobre saúde mental e vida profissional, ouvi de uma pessoa que não deveríamos dar tanta atenção assim a esse tema, pois, "uma vez que nas empresas nenhum chefe dá tanta atenção para a saúde dos funcionários, porque então quem trabalha em igreja ou em missões precisaria de atenção especial?". Entendi ainda mais que precisamos falar sobre o que significa ser Corpo de Cristo, comunidade, saúde, cuidado mútuo, etc. Quando alguém compara a igreja a uma empresa e espera que as pessoas sejam tratadas da mesma maneira, significa que ainda temos um longo caminho de ensino e de vida comunitária a percorrer.

Nossas comunidades precisam amadurecer na fé, humanizar seus líderes, seguir os passos de Jesus na atenção às pessoas e aprofundar a prática do cuidado mútuo. Dedique tempo para refletir sobre aqueles que têm cuidado de você ao longo dos anos, quer eles ocupem cargos formais de liderança ou não. Dedique tempo também para pensar em como você, individualmente e em comunidade, pode promover espaços e práticas de encorajamento para cuidar daqueles que cuidam. Somos todos parte do Corpo de Cristo. A prevenção no cuidado da saúde mental e física de nossos cuidadores acontece especialmente nos pequenos e constantes gestos, e não apenas nas grandes ações pontuais.

Uma das mulheres que admiro na trajetória de cuidado com as pessoas e de serviço a Deus se chama Antonia Leonora van der Meer, minha querida Tonica. Ela é doutora em Missiologia, serviu em Angola durante muitos anos e continua a servir no Brasil, com atenção especial ao cuidado de missionários. Em seu livro *Missionários feridos*, Tonica aponta como importantes para o cuidado daqueles que servem as seguintes ações: promover a possibilidade de espaços de *debriefing* (uma escuta previamente combinada, atenta e intencional da experiência, dos sentimentos e das emoções), encontros de restauração nos quais temas significativos possam ser tratados, encorajamento ao cuidado com a vida emocional e física, espaços de cuidado e atenção para as famílias daqueles que dedicam sua vida a cuidar das pessoas, atenção especial às cuidadoras que são solteiras no campo missionário, atenção aos conflitos de relacionamentos entre missionários, igrejas e agências missionárias, observação aos aspectos de adaptação cultural e preparação daqueles que são enviados, e oferecimento de espaços de lazer e descanso.[26]

Na caminhada do cuidado, constantemente nos vemos face a face com o sofrimento, a dor, a violência, o desamparo, a

---

[26] Van der Meer, *Missionários feridos*.

desigualdade, a injustiça. Para os que vivem a realidade diária de sofrer com os que sofrem, há que se ter atenção constante. Conhecer os ritmos do coração, os limites, os pontos de fragilidade, as tentações, os desafios, as armadilhas. Cercar-se de pessoas com quem se possa dividir as cargas. Aquele que cuida precisa nutrir de maneira intencional o autocuidado, pois a doação excessiva pode gerar profundos processos de adoecimento. Não é apenas sofrer com os que sofrem e chorar com os que choram. Como sabiamente observou o dr. James Houston, temos de aprender a prantear.

> O doador tem muito a aprender com essa bem-aventurança: bem-aventurados os que choram. A armadilha para o doador é o orgulho, crendo que possui recursos suficientes para entregar aos outros. Em contraste, o choro espiritual implica em aflição e perda pessoal. Prantear é ser despido da autossuficiência e se identificar com as necessidades em seus próprios níveis e não acima deles. Ao tornar-se humano, Jesus veio ao nosso nível de necessidade. Ele se tornou o pranteador supremo, sofrendo conosco em nossa angústia. Prantear nos capacita a ver os milhões que morrem de inanição em nosso mundo não apenas como estatísticas frias e impessoais, mas como seres humanos únicos. Podemos aprender a vê-los como pessoas amadas por Deus e por quem Jesus morreu.[27]

O pranto e o lamento, na perspectiva da fé cristã, acontecem dentro desse paradigma da narrativa da história do reino. Portanto, reorganizemo-nos como Corpo de Cristo, a fim de oferecer aos cuidadores o devido espaço de descanso e refrigério, além de suporte, intercessão e ação prática no suprimento

[27] HOUSTON, *Felicidade*, p. 231.

de suas necessidades. E fiquemos com as palavras de José Tolentino Mendonça:

> Os que se afadigam com duros fardos,
> Os que esgotaram entre canseiras sua porção:
> Como ramo que reverdece, terão ainda vigor.
> Os de ânimo abatido levantarão o olhar;
> Uma estrela guiará nossos passos dispersos:
> Não mais seremos expostos à solidão.
> Ao que chora será dito: "alegra-te!"
> Ao da margem alguém gritará:
> "Junta-te ao júbilo da dança!"
> Os que lamentam tesouros gastos
> Reaprenderão a esperar pelo orvalho.
> E em qualquer canto da terra,
> Quem reparte a vida e a beleza
> Será chamado de fermento de Deus.[28]

---

[28] MENDONÇA, *Um Deus que dança*, p. 93.

6

Finitude, luto e lamento

....

É melhor ir a funerais que ir a festas;
  afinal, todos morrem,
  e é bom que os vivos se lembrem disso.
A tristeza é melhor que o riso,
  pois aperfeiçoa o coração.
O sábio pensa na morte com frequência,
  enquanto o tolo só pensa em se divertir.

ECLESIASTES 7.2-4

O nosso medo mais profundo da morte não é na verdade o nosso medo de sermos esquecidos? [...] Mesmo que eu não possa saber nem dizer nada sobre aquilo que se encontra por trás da porta da morte, da porta da história, posso, mesmo assim, crer e confessar: Deus é o amor que me diz: não tenha medo, criatura amada, você não morrerá. Eu o abriguei na profundeza da minha memória por todos os tempos.

TOMÁŠ HALÍK[1]

....

Sofrimento, perda e luto são temas recorrentes na Bíblia. Jó, Hagar, Moisés, Ana, Noemi, Elias, Jeremias, Marta e Maria, e tantos outros nas Escrituras experimentaram agonia e crise. Jesus, em seu percurso humano e corpóreo, expressou emoções pesarosas em diversos momentos, como no Getsemani: "A minha alma está profundamente triste, a ponto de morrer" (Mt 26.38).

---

[1] HALÍK, *Não sem esperança*, p. 155.

A consciência da realidade da finitude ressignifica o tempo que vivemos hoje. A perspectiva da finitude nos põe limites que podem nos impulsionar em direção a uma vida com mais intencionalidade. E não me refiro apenas a processos de adoecimento. Temos consciência de que a morte nos encontrará em algum momento. Inconscientemente, encontramos mecanismos para lidar com essa realidade, a fim de não cairmos em processos de ansiedade extremada. Quando nos lembramos de que nossa vida terrena tem começo e fim, podemos olhar com maior cautela para nossa realidade presente, nossas escolhas e desafios. Sob essa perspectiva, a finitude tem um papel pedagógico para a forma como vivemos nossos dias. A cada estação, fazemos esse processo de ressignificação do tempo, das relações, do foco de nossa trajetória como peregrinos, seres em missão. São João da Cruz referiu-se à noite escura da alma como um deserto, um tempo de crise que faz emergir as virtudes divinas da fé, da esperança e do amor.

A morte é uma realidade inevitável para todos, e não é um tópico fácil de ser tratado. Na proximidade da morte, nossa percepção de finitude e dependência é acentuada. Por isso, se uma teologia do sofrimento e conversas abertas sobre a realidade da morte forem incluídas na agenda de discussão de saúde na vida da comunidade cristã, as pessoas terão mais autoconhecimento e conhecimento do coração de Deus em relação à vida, e isso as encorajará para enfrentar o sofrimento e para abraçar, de uma maneira mais realista e graciosa, aqueles que sofrem.

Nós, cristãos, precisamos resgatar a visão de que nossos cuidados em saúde, dentro da área da medicina e afins, devem visar também o serviço e o auxílio para que as pessoas suportem seus sofrimentos, e não focar apenas o que imaginamos ser a cura. Isso contempla o ensino bíblico da perseverança, que não é a ideia de enfrentar com heroísmo a adversidade, mas sim de viver continuamente na dependência de Deus.

Não raro, evitamos olhar para nosso corpo, evitamos as idas aos médicos, até como parte desta cultura supersticiosa de que "quem procura encontra problemas". Não queremos entrar em contato com o que pode gerar dificuldades. Esse, porém, é um mecanismo de defesa, uma fantasia de que viveremos para sempre, o que na verdade nem nos defende nem protege, mas tão somente agrava nossas condições. E, então, deparamos com situações avançadas e desafiadoras, e clamamos por procedimentos médicos e milagres que nos salvem de condições que, muitas vezes, poderiam ter sido prevenidas e mais bem assistidas.

O salmista pede a Deus: "Ensina-nos a contar os nossos dias para que o nosso coração alcance sabedoria" (Sl 90.12, NVI). Vivemos de forma sábia quando entendemos que nossos dias não são infinitos neste mundo e que é importante discernir o tempo e as fases em que nos encontramos.

A morte como desintegração

A luta e a dor que enfrentamos em relação à morte estão associadas com o fato de que, na morte, ocorre uma desintegração, um rompimento de quem a pessoa é de forma integral (matéria e espírito), e não fomos criados para essa desintegração. Isso se complica ainda mais hoje em dia, quando os desenvolvimentos da ciência e da medicina auxiliam na prevenção de morte precoce, e a maioria das pessoas morre em hospitais ou clínicas especializadas, distantes do restante da família. Antigamente, muitos morriam em casa, e a morte era testemunhada pelos demais. Existem pessoas que chegam à vida adulta sem ter acompanhado de perto a morte de nenhum conhecido, e alguns nem mesmo participaram de um funeral. Esse fato de ocultarmos, de escondermos o horror da morte no contexto da sociedade moderna, levou as culturas a viverem na negação dessa realidade inexorável que é a morte física.

Ao mesmo tempo, somos confrontados com mortes violentas nas ruas, que expõem nossa precariedade como sociedade, e isso por vezes nos anestesia ainda mais quanto à questão da morte, tornando pessoas em números. A morte tem uma dimensão pessoal e particular e também uma dimensão comum, no sentido de que é algo presente em nosso dia a dia. "Uma morte é uma tragédia, um milhão de mortes é uma estatística", teria dito Josef Stálin, o ditador soviético. Mas não podemos nos dessensibilizar com as perdas. Cada vida é única, uma história que não se repete.

Uma das características que admiro em alguns mestres que já estão desfrutando da glória celestial com Jesus, como John Stott, é a atenção que deram aos ciclos da vida. Procuraram viver com discernimento vindo do alto, mesmo que isso provocasse profundas lutas internas, e não negaram a experiência do sofrimento e da morte. Em seu último livro, *O discípulo radical*, Stott tratou de aspectos negligenciados de nosso chamado e vocação cristã, e no último capítulo abordou a temática da morte:

A perspectiva do discípulo radical é ver a morte não como o término da vida, mas como a entrada para ela. Pois o que a Escritura faz é colocar diante de nós as desejáveis glórias da vida e depois enfatizar que a condição indispensável para desfrutá-las é a morte. Resumindo, a Bíblia promete vida *por meio* da morte, e de nenhuma outra maneira. Assim, o apóstolo Paulo descreve o povo cristão como "ressurretos dentre os mortos" (Rm 6.13).[2]

---

[2] STOTT, *O discípulo radical*, p. 96.

Nesse sentido, Stott enfatiza a salvação pela morte de Jesus, o princípio da vida através da morte no discipulado (no simbolismo de Marcos 8.34-35: quem perder sua vida por Jesus e pelo evangelho a salvará), a vida através da morte na jornada de missão e sofrimento, a vida através da morte em contextos de perseguição física e até mesmo do martírio, além de nossas muitas mortes simbólicas. Do ponto de vista cristão, Deus como doador e dono da vida tem a primeira e a última palavra. Ele é o Criador e nós, como criaturas, somos dependentes dele, buscando em sua soberania o discernimento e a força para perseverar. Conforme nos lembra o apóstolo Paulo:

> Pelo sofrimento, nosso corpo continua a participar da morte de Jesus, para que a vida de Jesus também se manifeste em nosso corpo. Sim, vivemos sob constante perigo de morte, porque servimos a Jesus, para que a vida de Jesus se manifeste em nosso corpo mortal. Assim, enfrentamos a morte, mas isso resulta em vida para vocês.
>
> 2Coríntios 4.10-12

Ainda em vida, experimentamos do poder da ressurreição de Cristo, mediante o poder de Deus que se aperfeiçoa em nossa fraqueza, da presença consoladora do Espírito Santo que nos encoraja a viver e testemunhar o amor do Pai. A encarnação de Jesus, que passa pela morte física, nos aponta para a esperança da ressurreição, uma esperança que já nos abençoa no presente.

Ed René Kivitz propõe a seguinte reflexão:

> Creio que, no último dia de nossas vidas, antes de atravessarmos o rio rumo à eternidade, passaremos pelo tribunal da consciência [...]. Naquele dia, não fará a menor diferença a casa onde

moramos, o carro que dirigimos, as vezes que visitamos a Europa, os diplomas que penduramos na parede, o número de romances que tivemos ou as roupas que vestimos. Acredito que estaremos diante de quatro perguntas, cada uma delas ligada à imagem de Deus e aos propósitos pelos quais deveríamos ter vivido. São elas:

- Onde está Deus?
- Que tipo de gente eu me tornei?
- Onde estão as pessoas que eu amo e que me amam?
- Qual foi a minha contribuição para o bem da raça humana?[3]

Nas responsabilidades e nos relacionamentos da vida cotidiana, estamos implicados na forma como o mundo é e na forma como o mundo será. Nossas vocações nos chamam para a vida, para o mundo, para um caminho de reconciliação com o tempo. A redenção, em contraste com a realidade da morte, nos oferece um novo significado de tempo, nos leva a ver a história sob outra perspectiva. Vivemos nossos dias aqui, como participantes da história do reino de Deus, na esperança da eternidade. Isso deveria permear nossos dias, desde os mais alegres até os mais sombrios, até mesmo diante da morte.

Luto

Somos seres relacionais, integrados e interdependentes, assim como a Trindade. A pessoa que partiu é parte de nós. Na partida do outro, sentimos também a perda de nossa própria identidade, uma vez que a pessoa amada tinha um olhar sobre nós, reconhecia partes de nós através de seus olhos. Como observou José Tolentino Mendonça: "O luto é um manto de tristeza que

---

[3] Kivitz, *Vivendo com propósitos*, p. 87.

oculta dois corpos: o corpo amado que parte e o nosso próprio corpo, que, permanecendo, tem, no entanto, absoluta necessidade de acompanhá-lo, não só no plano afetivo e simbólico, mas também pela diminuição dos nossos indicadores vitais".[4]

A morte não é a mesma, assim como não são os mesmos os processos de luto. Morte por doenças crônicas, doenças agudas, suicídio, acidentes e catástrofes, e assim por diante, nos impactam de forma distinta, provocando reações diferentes. Em tempos pandêmicos, e também em outras circunstâncias catastróficas de proporção global, a morte se apresentou de maneira ainda mais profunda em nossos contextos, diálogos e relações. Famílias multienlutadas, por perdas sucessivas nos mesmos núcleos de relacionamento, enfrentam essa dura realidade, e a comunidade de fé é chamada a responder de forma acolhedora, cuidadosa e reverente à sacralidade da vida humana.

O luto é a resposta emocional à perda. Alguns autores falam sobre o processo de luto como algo que duraria cerca de dois anos para ser superado, mas cada processo é distinto e precisa ser lido dentro de um contexto próprio. Por "superar o luto", entendemos que é o processo no qual se desenvolve uma integração da pessoa amada, de modo que possibilite a continuidade da vida daquele que está vivo.

O luto se torna motivo de complicação quando a pessoa enlutada experimenta uma desorganização prolongada, que faz que encontre dificuldade para retomar sua vida e suas atividades de forma similar à do período anterior à perda. Quando se identifica esse processo de luto complicado, é possível oferecer um auxílio mais adequado à situação. Algumas das possíveis características desse processo são: dificuldades em

---

[4] MENDONÇA, *A mística do instante*, p. 16.

realizar atividades cotidianas, sentimentos intensos persistentes, prejuízos sociais, mudanças no estilo de vida que levam ao isolamento, sintomas depressivos, baixa autoestima e impulsos autodestrutivos.[5] Mais uma vez, não há apenas uma forma de luto complicado, pois trata-se de um processo subjetivo. Mas, em todas as formas, podemos observar que a pessoa, em geral, procura evitar lembranças, negar a perda e reforçar uma conexão duradoura com aquele que faleceu, como se ainda estivesse convivendo com ele.

A psiquiatra suíça Elisabeth Kübler-Ross é conhecida por seus estudos acerca da questão do luto. Foi uma das pioneiras na criação e implantação do que hoje chamamos *"hospices"*, espaços voltados ao cuidado de pacientes em fase terminal de vida ou que enfrentam doenças crônicas. Kübler-Ross escreveu sobre os cinco estágios do processo de luto que podem ser identificados quando enfrentamos perdas: *negação, raiva, barganha, depressão* e *aceitação*. Tais estágios não necessariamente acontecem nessa ordem e podem não estar todos presentes nos processos de todas as pessoas, mas são ponderações válidas para observação. Aqui, consideramos o luto não apenas daqueles que sofrem com o pós-morte de alguém ou de alguma relação, mas também o processo de luto envolvido nas perdas em vida, em processos de adoecimento, entre outros.

Na fase da *negação*, como a própria palavra diz, há uma inclinação a não reconhecer as emoções que são experimentadas em decorrência da perda. A segunda fase é a *raiva*, uma vez que a negação passa a não se sustentar emocionalmente e começam a vir à tona os sentimentos em relação à situação de perda ou até em relação à pessoa que ocasionou a perda.

---

[5] FRANCO e POLIDO, *Atendimento psicoterapêutico no luto.*

O próximo estágio é a *barganha* ou negociação, em que se procura negociar, consigo e até mesmo com Deus, a cura ou o retorno da pessoa e da relação perdida. A fase seguinte é a *depressão*, em que há a conscientização do peso da perda e o enfrentamento dos aspectos reais dela, como a tristeza e o desamparo. O último estágio desse processo de luto seria a *aceitação*, que diz respeito à elaboração do fato, à reorganização da vida, à ressignificação, a fim de encontrar um modo de seguir em frente.[6]

A verdade é que não somos donos da vida. No entanto, cremos em um Deus que intervém em nossas circunstâncias e que se relaciona conosco de maneira pessoal, um Deus que nos ouve, nos conhece e sabe o que é melhor para nós. Somos chamados, portanto, a orar e colocar diante de Deus o desejo de nosso coração, clamando por intervenção em meio ao sofrimento e à dor da perda. E a profundidade de nossa experiência espiritual de descanso em Deus nos mostrará que o conceito de cura, para Deus, é muito mais amplo do que poderíamos imaginar. Já caminhei com pessoas queridas que foram curadas por Deus ao ser levadas por ele para desfrutar de sua presença eterna, onde já não há sofrimento nem dor. E já testemunhei a cura de Deus na vida de pessoas que deixaram de sofrer e padecer de severos processos de adoecimento ainda neste mundo. Não sabemos como serão os desdobramentos dos sofrimentos que nos assolam, porém sabemos que o Senhor nos acompanha em todos os momentos, como nos ensinou o salmista:

> Mesmo quando eu andar
> pelo escuro vale da morte,

---

[6] KÜBLER-ROSS, *Sobre a morte e o morrer*.

não terei medo,
pois tu estás ao meu lado.
Tua vara e teu cajado
me protegem. [...]
Certamente a bondade e o amor me seguirão
todos os dias de minha vida,
e viverei na casa do Senhor
para sempre.

Salmos 23.4,6

O que o evangelho nos propõe de forma tão pungente é justamente a consciência de que nossa vulnerabilidade, vivida na companhia de Jesus de Nazaré, o Cristo que padece, ganha novo significado. Temos acesso à consolação e à esperança, pois somos lembrados de que na grande narrativa bíblica o evento da morte nos aponta para a ressurreição.

Uma pessoa muito querida que faleceu há alguns anos, em uma das últimas vezes em que nos vimos e conversamos, me falou sobre a luta da mente no fim da vida. Não necessariamente pensava que aquele adoecimento físico de fato a levaria à morte, mas já notava que aquele poderia ser um caminho para a morte. Ela me dizia que o maior sofrimento estava na própria mente, que vez por outra era visitada pelo medo, pela tristeza do que ela não viveria em família no futuro. Quando ela foi acolhida pelas pessoas à sua volta, quando teve sua vida e seu legado reconhecidos, quando foi lembrada de que um Pai de amor nos aguarda na eternidade, ela teve paz de espírito mesmo em meio à dor e ao sofrimento. Para o que sofre, para o que está no fim de vida, saber-se acompanhado por Deus e por aqueles que o amam é, de fato, alentador.

Neste livro, que também é um testemunho de minha trajetória de contato com esses temas e experiências, gostaria de citar o dr. Ross Hastings, que foi meu professor de teologia pastoral e com quem tive conversas enriquecedoras. Uma pessoa de coração sensível ao tema dos enlutados, ele mesmo foi um enlutado com a perda de sua esposa, Sharon. No relato de sua experiência, pontua o acolhimento que obteve na mensagem dos Salmos, com a revelação de um Deus que se mostra próximo, que apesar de sua grandeza nos conhece pelo nome e tem a compreensão e a cura para nossas dores e feridas, mas que não reforça o individualismo nem a autoabsorção; antes, ministra cura a nós em comunidade e cuidado mútuo, ecoando a Trindade e situando nossa história pessoal dentro da narrativa mais ampla do reino de Deus. Podemos, assim, tornar-nos comunidades de consolo, refúgio e conforto para aqueles que sofrem, espaços que tornam o abraço e o cuidado de Jesus reais para as pessoas, apontando para a esperança da eternidade.[7]

Promover espaços nos quais as pessoas possam falar sobre o luto é, de fato, uma das formas de oferecer conforto e consolo. Compartilhar histórias faz que nos identifiquemos, nos aproximemos do outro, mesmo com nossas diferenças e as nuances próprias de nossas narrativas. Ouvir e ser ouvido é um processo que nos humaniza, que nos torna mais empáticos, menos solitários e mais solidários, abrindo espaço para que o Deus que nos consola opere em nós e por nosso intermédio. Conforme exaltou o apóstolo Paulo: "Bendito seja o Deus e Pai de nosso Senhor Jesus Cristo, Pai das misericórdias e Deus de toda consolação, que nos consola em todas as nossas tribulações, para que, com a consolação que recebemos de Deus, possamos

---

[7] HASTINGS, *Where Do Broken Hearts Go?*

consolar os que estão passando por tribulações" (2Co 1.3-4, NVI). Dessa forma, da morte pode brotar vida e esperança para que consigamos reorganizar nosso caminho e encontrar forças para seguir adiante e lidar positivamente com a saudade.

Quando falamos de morte e luto, referimo-nos tanto à morte física concreta quanto às mortes simbólicas com as quais deparamos em cada etapa da vida. Ao interromper ciclos e efetuar mudanças, muitas vezes sofremos essas perdas simbólicas. Um exemplo é a transição da vida de trabalho formal para a aposentadoria. Paul Tournier observa que ser bem-sucedido na aposentadoria, e na vivência do luto que ela ocasiona, depende muito da forma como a pessoa levou a vida até então.[8] Quantas histórias já ouvimos de pessoas que se aposentaram e adoeceram ou entraram em profundas crises de depressão resultante de uma falta de sentido para a vida. Creio que isso está intrinsecamente conectado a nosso senso de identidade e vocação, como já mencionado em capítulos anteriores. Nossa vocação de sermos pessoas que amam a Deus e que amam uns aos outros ultrapassa os conceitos próprios de atividades profissionais. Quando nossa identidade repousa na atividade profissional, em qualquer fase da vida, mas em especial no momento da aposentadoria, as crises se aprofundam. É como se o corpo que não produz não servisse, fosse desprovido de significado. E, como temos enfatizado ao longo deste livro, o corpo que não produz segundo critérios profissionais não tem anulada sua vocação de doar-se de outras formas, dentro da narrativa mais ampla do reino de Deus. Pelo contrário, o corpo em relação segue sendo corpo em doação e recepção de amor, um corpo digno em si pelo simples fato de existir.

---

[8] TOURNIER, *É preciso saber envelhecer.*

Perdas e lutos, portanto, podem e precisam ser ressignifi-cados à luz da vocação do ser humano como filho amado de Deus, criado à sua imagem e semelhança para ser corpo presente e simbólico do Pai nas relações de doação. No entanto, com frequência em nossas comunidades, a tristeza relacionada com as perdas não encontra espaço para ser vivida, digerida, ressignificada em face da esperança cristã. Não damos espaço e voz ao enlutado. O luto nos incomoda, nos afronta com nossos próprios vazios e perdas. A tristeza, então, é expressa de maneiras indiretas, gerando ansiedade, depressão, raiva, isolamento, hostilidade, crises de fé. E, como nos lembra Walter Brueggemann, sentimentos oriundos dos processos de luto que não são ressignificados à luz da esperança são silenciados e deslegitimados, podendo levar à violência, a implosões e explosões.[9] Testemunhamos tais situações no cotidiano de nosso país, repleto de desigualdades, abusos, opressões e indiferenças, em que as pessoas não encontram espaço para expressar sua tristeza, suas feridas, sua indignação, e acabam por provocar situações de violência contra os outros e contra si mesmas. Nesse sentido, é preciosa a prática do lamento, que reconhece a realidade da dor e cria o espaço para que ela seja tratada e validada diante de Deus.

Lamento

Na perspectiva da espiritualidade, o luto se dá de forma concreta mediante a experiência do lamento. Os salmos de lamento registrados na Bíblia, por exemplo, fazem um percurso de reorganização dos afetos do coração. Apontam para nossos

---

[9] Brueggemann, *Reality, Grief, Hope.*

desertos, e também para nossa esperança. De igual modo, nos evangelhos, o caminho da morte para a ressurreição não ocorre de imediato. Entre a sexta-feira da Paixão e o domingo da ressurreição, houve um sábado. O luto, portanto, é uma estação que, como todos os processos da vida humana, lida com o tempo e, consequentemente, com a dor da espera.

Daí a importância da prática do lamento, que, nas palavras de Henri Nouwen, "significa enfrentar o que nos fere na presença de quem pode nos curar".[10] No lamento, nós nos abrimos para a visitação do Espírito Santo, que nos consola e nos ajuda a ressignificar e reintegrar aspectos da vida, para que esta seja viabilizada mesmo após uma perda profunda. Diante de Deus, nossas lágrimas nunca são em vão. Elas têm valor, a Trindade acolhe e recolhe nossas lágrimas e faz que delas brote vida.

Uma das muitas dificuldades que tenho com pregações triunfalistas do evangelho é exatamente o desequilíbrio entre a alegria e a tristeza, a exclusão do sofrimento e do lamento nos processos cotidianos. Não me refiro, obviamente, a uma vida de reclamações, choro e desesperança. Em Deus podemos experimentar paz que excede todo o entendimento e amor para desfrutar da vida e uns dos outros. Estou falando de uma vida que nega as dificuldades, as lutas, os desertos, uma vida que não trata das questões do sofrimento à luz do evangelho.

Eu já sofri e sofro. Você já sofreu. Todos conhecemos pessoas que sofreram, e todos tivemos, em algum momento, dificuldade em oferecer consolo. Em meus contextos profissionais e pastorais, já vi atrocidades sendo proferidas aos que sofrem, como culpabilização dos sofrimentos físicos e emocionais com base em pecados pessoais ou em maldições hereditárias.

---

[10] NOUWEN, *Transforma meu pranto em dança*, p. 15.

Em suma, todo tipo de palavra de morte sendo oferecida como suposta consolação ou justificativa para os sofrimentos.

Os motivos para tais abordagens são diversos, mas creio que grande parte de nossa dificuldade decorre da falta de reflexão acerca de nossos próprios desertos. Nossas comunidades têm sido omissas em algumas práticas fundamentais da caminhada cristã, como é o caso da confissão e do lamento. Há tempo para tudo nas diferentes estações da vida, como nos aponta o livro de Eclesiastes. O lamento é parte integrante desse percurso. Derramar o sofrimento, a angústia, abre caminhos para a cura e para um contentamento legítimo. Por isso Stanley Hauwerwas define o lamento como "o choro de protesto ensinado pela nossa fé em um Deus que deseja que vivamos no mundo também expondo seus falsos confortos e decepções".[11]

A Palavra de Deus nos aponta essa experiência. "Nenhuma literatura é mais realista e honesta em enfrentar os duros fatos da vida do que a Bíblia", lembra-nos Eugene Peterson, ressaltando, por exemplo, a promessa do salmo 121 de que nada poderá nos separar dos propósitos que Deus tem para nós.[12] De igual modo, o apóstolo Paulo nos exorta a "chorar com os que choram" (Rm 12.15), alicerçados na esperança cristã que "não nos decepcionará" (Rm 5.5). Ao fazer isso, experimentamos de uma forma especial as verdades que o Deus trino nos apresenta em seu consolo e em sua companhia. Sim, uma espiritualidade baseada apenas em sentimentos pode ser traiçoeira, pois muitas vezes não sentimos a presença de Deus. No entanto, a Bíblia nos lembra de que Deus está sempre conosco,

---

[11] HAUWERWAS, *Naming the Silences*, p. 83.
[12] PETERSON, *Uma longa obediência na mesma direção*, p. 31

perdoando-nos, cuidando de nós, derramando sobre nosso caminho sua graça e misericórdia.

A experiência do lamento nos tempos bíblicos é assim descrita:

> A fé e a cultura hebraicas sempre foram ricamente humanas, no sentido de que as práticas culturais, incluindo ritos de passagem, festividades, banquete, jejum e lamento, permitiam a expressão de todas as emoções e paixões diante de Deus, em níveis nacionais, familiares e individuais. É como se a robusta expressão hebraica de ser "humano" fosse em si mesma uma preparação para quando o próprio Deus se tornaria totalmente humano na encarnação. Os personagens do Antigo Testamento são seres humanos iguais a nós mesmos, que se expressavam em poesia e narrativa, tal como o fazemos. Todas as emoções eram comunicadas com o fluxo das suas vidas, no momento em que dançavam, cantavam, sorriam, gritavam, reclamavam, clamavam, ficavam zangados, confessavam, lamentavam e choravam.[13]

Essa experiência do lamento tem sido esquecida em nossos momentos de disciplinas espirituais, em nossos cultos públicos, em nossas expressões como corpo. É uma experiência que demanda o olhar para a realidade, a consciência das próprias fragilidades e limitações, dos próprios pecados, da maldade que habita o íntimo de nosso coração e de nossas relações, da maldade presente no mundo, mas que demanda também o reconhecimento de que o Criador é suficiente e gracioso para reordenar e renovar nossa realidade e é vencedor sobre o mal.

A experiência do lamento bíblico, portanto, é uma forma de oração, que dá nome à realidade, e não uma reclamação

---

[13] Waltke et al., *Os salmos como lamento cristão*, p. 25.

esvaziada de sentido e amparo. Não precisamos nos afundar nas situações que nos cercam. Podemos, isto sim, encarar as questões à nossa volta em oração e lágrimas, na segurança de que Jesus Cristo, nosso bom pastor, nos acolherá e nos oferecerá abrigo mesmo em tempos de dor e escassez. A centralidade de nossa espiritualidade é a pessoa de Jesus, e não um combinado de dogmas. Por meio dele, alcançamos com Deus uma relação de intimidade, presença, confiança, compromisso, restauração, provisão, em suma, uma relação de amor.

Encontramos nos Salmos belíssimos registros dessa relação:

- "Ó Senhor, ouve minhas palavras e presta atenção a meus gemidos. Atende a meu clamor por socorro, meu Rei e meu Deus, pois é somente a ti que oro" (Sl 5.1-2).
- "Quando eu tiver medo, porém, confiarei em ti. Louvo a Deus por suas promessas, confio em Deus e não temerei; o que me podem fazer os simples mortais?" (Sl 56.3-4).
- "Ó Senhor, Deus de minha salvação, clamo a ti de dia, venho a ti de noite. Agora, ouve minha oração; escuta meu clamor. Pois a minha vida está cheia de problemas, e a morte se aproxima" (Sl 88.1-3).
- "Olho para os montes e pergunto: 'De onde me virá o socorro?'. Meu socorro vem do Senhor, que fez os céus e a terra!" (Sl 121.1-2).

E, sobretudo em Romanos 8, lembramos também que a Bíblia nos diz que o próprio Espírito Santo lamenta "com gemidos que não podem ser expressos em palavras" (Rm 8.26). E nós, com a natureza, gememos como em dores de parto, esperando ansiosamente nossa adoção como filhos, a redenção de nosso corpo. Essa reflexão do apóstolo Paulo nos oferece novas perspectivas para encarar a experiência do sofrimento, a fim de aprender mais sobre o caráter do Deus Criador que ofereceu seu próprio Filho para a redenção de cada um de nós, e que nos lembra de que as aflições e as lutas do presente jamais poderão nos separar de seu eterno amor. "E estou convencido de que nem morte nem vida, nem anjos nem demônios, nem o que existe hoje nem o que virá no futuro, nem poderes, nem altura nem profundidade, nada, em toda a criação, poderá nos separar do amor de Deus que está em Cristo Jesus, nosso Senhor" (Rm 8.38-39).

* * *

A teóloga Marva J. Dawn nos aconselha a enfrentar o sofrimento com base na confiança no caráter de Deus e em seu plano para a humanidade. Ou seja, perceber-nos parte da grande narrativa da redenção, mesmo com os sonhos desfeitos ao longo do caminho. Mais importante que especular intelectualmente sobre o significado das coisas, diz ela, é buscar respostas a perguntas como "O que Deus está fazendo no meio dessa situação?" e "Onde enxergo gotas da graça da Trindade neste processo". Tais perguntas "são cruciais pois mudam a perspectiva de nossa vida, de um foco individual para a restauração da proeminência de Deus em nosso pensamento". Como resultado, "tomamos parte em vários grandes achados: a dádiva de deixar que Deus seja Deus em nossa vida, de descansar em seus misteriosos propósitos, da humildade".[14]

Nessa perspectiva, o lamento é profético. No lamento, não apenas expressamos nossas dores e inconformidades, mas clamamos pela libertação e intervenção de Deus em situações

---

[14] Dawn, *Being Well When We're Ill*, p. 44.

de profundo desamparo e dor, situações que afrontam nossa dignidade como seres humanos. Em uma escala mais ampla, portanto, o lamento pode promover mudanças para muitos. O lamento conjunto em favor dos pobres pode mudar políticas públicas e oferecer maior acesso àquilo de que precisam para viver. O lamento em favor da pessoa com deficiência pode promover vida digna e acessibilidade. O lamento em favor do órfão, da viúva, do estrangeiro pode promover integração, vínculo, família, comunidade, caminhos de vida. O lamento também promove transformações em nós mesmos, aprofundando nossa confiança no caráter de Deus enquanto esperamos sua provisão.

Cremos que Deus não nos envia o mal, mas sim que existem forças no mundo espiritual advindas do maligno e inimigo de nossa alma, forças que engendram violências, dores e sofrimentos no mundo. Sabemos também que Deus, em sua soberania, é poderoso para colocar limites nessas forças do mal. Sabemos que tais limites foram demarcados pela morte e ressurreição de Jesus Cristo, que aponta para a vitória definitiva sobre todo o mal e toda a maldade. A palavra final é a de nosso Pai amoroso, que já derrotou e destruiu essas forças para sempre. Confiamos na soberania e no cuidado de Deus. E sabemos que, enquanto vivemos neste mundo com tantos sinais de morte, precisamos viver de forma encarnada, nos doando e servindo, como habitação de Jesus, sinalizando seu amor. É por nosso intermédio que ele oferece consolação, é por nosso intermédio que ele expressa lamento e indignação. E é por meio de Jesus Cristo presente no mundo e vivendo em nós, seu Corpo, que buscamos levar as boas-novas de esperança, amor e alegria para todas as pessoas em seus contextos de vida, reafirmando que um novo jeito de ser humano é possível.

7

A saúde do corpo encarnada na esperança

....

Então Jesus disse: "Eu sou a ressurreição e a vida. Quem crê em mim viverá, mesmo depois de morrer. Quem vive e crê em mim jamais morrerá. Você crê nisso, Marta?".

JOÃO 11.25-26

O Deus da esperança: isto é algo inusitado. Em nenhum outro lugar, no mundo das religiões, Deus está vinculado com as esperanças humanas de futuro. Por todos é conhecido como o Deus que está no céu, que de eternidade em eternidade tem sido o mesmo. Todavia, um Deus de esperança que está adiante de nós e caminha à nossa frente, existe somente na Bíblia. [...]. Aqui se trata do Deus que, desde o futuro, vem ao nosso encontro. Isto sim é boa nova!

JÜRGEN MOLTMANN[1]

....

Acompanhamos o tempo todo nos noticiários relatos de sofrimentos que acometem indivíduos e comunidades. Nenhuma teodiceia, nenhuma fórmula argumentativa humana consegue responder de maneira satisfatória a tais experiências, assim como nem sempre se consegue abordar de forma aprofundada as consequências da existência do mal no mundo. Contamos

[1] MOLTMANN, *Vida, esperança e justiça*, p. 21.

com aquilo que nos foi revelado através da Palavra, e há também uma dimensão do mistério, em que confiamos no cuidado e na soberania de Deus para quando não dispomos de clareza ou sabedoria suficientes.

Nestas horas, procuramos pessoas que estejam mais capacitadas para acolher, socorrer, amparar, abraçar aqueles que sofrem com uma mensagem de consolação e esperança. Na comunidade de fé, trazemos à memória uns dos outros aquilo que nos dá esperança, relembrando que Deus está agindo ao redor do mundo para transformar pessoas, e nos disponibilizamos a sofrer com os que sofrem, lamentar com sinceridade e clamar a Deus por intervenção e misericórdia.

Para os filhos de Deus, portanto, o sofrimento nunca é desprovido de amparo. Todavia, nem sempre entendemos por que sofremos. Sérgio Pimenta, um dos mais preciosos compositores da música cristã brasileira, faleceu em 1987, aos 32 anos, após enfrentar um processo de adoecimento. Na letra de sua última composição, registrou poeticamente a experiência frequente da incompreensão associada ao sofrimento e a resposta que ele encontrou na vida encarnada de Jesus:

Só quem sofreu pode avaliar quem sofreu
Pode se identificar, pode ter o mesmo sentir
Só quem sofreu tem palavras de puro mel
Que transmitem todo calor para quem precisa de amor
E o Cristo encarnou sofrendo como homem a dor
Sabendo o que é padecer na mente e no corpo
E Ele morreu e até a própria morte venceu
Mostrando amor capaz de atender a todo homem
Mostrando amor capaz de entender a todo homem.[2]

---

[2] PIMENTA, "Só quem sofreu", *A música de Sérgio Pimenta*, 1988.

A dra. Sarah Williams escreveu um livro em que registra seu testemunho pessoal e sua jornada de fé referente a sua terceira gestação, de sua filhinha Cerian, bebê que foi diagnosticada ainda na gestação com uma "patologia incompatível com a vida". Cerian viveu até o final da gestação, mas morreu ao nascer. Sarah descreve todo o processo, a gestação, o diagnóstico, os questionamentos das pessoas, a nomeação da criança, o papel dela na constituição familiar e os diversos sofrimentos, alegrias, sentimentos e transformações e bênçãos que ocorreram em sua família e em seus contextos relacionais mais amplos. A existência intrauterina de um bebê já é um acontecimento que desperta nos pais e familiares a vinculação e a doação afetiva significativa. Sarah escolheu para seu livro um título que pode ser traduzido como *Envergonhando os fortes: O desafio de uma vida não nascida*, em referência ao texto de 1Coríntios 1.27: "Mas Deus escolheu o que para o mundo é loucura para envergonhar os sábios e escolheu o que para o mundo é fraqueza para envergonhar o que é forte" (NVI). E, durante a gestação, Sarah meditou por meses no salmo 139, sobretudo no versículo 16: "Os teus olhos viram o meu embrião; todos os dias determinados para mim foram escritos no teu livro antes de qualquer deles existir" (NVI).

Sarah relata suas reflexões em meio a esse período:

> Deus começou a me desafiar: E se a definição de vida de Deus é diferente da minha definição? E se o destino dessa bebê é passar toda a eternidade com Deus? E se os dias que Deus tem para ela não incluírem um aniversário? Será que esses dias foram menos preciosos ou desprovidos de sentido? E se meu papel na relação com ela, de mãe e filha, é cooperar e nutrir sua vida e prepará-la para o céu, mantendo uma postura de oração e adoração ao Pai

a fim de familiarizá-la com a doce presença do Pai no céu, para onde ela iria em breve?[3]

Tais perguntas são valiosas. Nos salmos de lamento, também o poeta questiona a conduta e a postura de Deus frente aos sofrimentos que o acometem. Nesse sentido, o livro de Salmos é motivo de esperança para nossa experiência humana. Ali temos registros de todo tipo de sentimentos, todos eles acolhidos por Deus. O salmo 130, por exemplo, mostra um grande sofrimento ("Das profundezas do desespero, SENHOR, clamo a ti") e, ao mesmo tempo, revela que Deus é fonte de infinita esperança ("Ó Israel, ponha sua esperança no SENHOR, pois no SENHOR há amor e transbordante redenção").

O próprio Jesus se identificou com nossos sofrimentos, oferecendo-nos, assim, consolo e companhia. Quando nos sentirmos sozinhos, quando a angústia de nossa alma for tão profunda a ponto de imaginarmos que ninguém jamais experimentou dor igual, somos lembrados de que Jesus se encarnou em amor. Timothy Keller escreveu:

> O próprio Deus soberano desceu e viveu na escuridão do mundo. Ele mesmo bebeu do cálice do nosso sofrimento até a última gota. E não fez isso para sua justificação, mas para a nossa, ou seja, para suportar o sofrimento, a morte e a maldição dos pecados que nós cometemos. Ele sofreu na carne rejeição, traição, pobreza, injúria, decepção, desespero, privação, tortura e morte. Na cruz, ele foi além do pior sofrimento humano, experimentou rejeição cósmica e uma dor que excede nossas dores tão infinitamente quanto seu conhecimento e poder excedem os nossos.[4]

---

[3] WILLIAMS, *The Shaming of the Strong*, p. 61.
[4] KELLER, *Caminhando com Deus em meio à dor e ao sofrimento*, p. 169.

Assim, como igreja de Jesus, Corpo de Cristo, somos chamados a sinalizar vida, apontar para a esperança da ressurreição mediante uma vida transformada, dia após dia.

No relato bíblico da ressurreição de Lázaro, no capítulo 11 do Evangelho de João, encontramos Marta e Maria, irmãs do então falecido Lázaro, e suas reações e angústias diante da morte do irmão. Encontramos, também, os movimentos do coração de Jesus, e o encontro concreto de sua dimensão divina e humana: Deus encarnado em Jesus, chorando, sofrendo, solidário à dor da morte, profundamente comovido. Ao mesmo tempo, vemos Jesus respeitando os tempos e as estações daquela situação: aguardando, ouvindo, chorando, e então agindo. A ressurreição de Lázaro foi um sinal que apontou para a veracidade e a realidade do Deus encarnado que nos salvou da morte, que venceu a própria morte, nossa maior inimiga. "Eu sou a ressurreição e a vida. Quem crê em mim viverá, mesmo depois de morrer", disse ele, e perguntou a uma das irmãs: "Você crê nisso?" (Jo 11.25). E nós? Cremos?

Jesus, Deus encarnado, viveu a vocação humana e nos trouxe salvação e restauração. Hoje, como seus discípulos e seres encarnados, reconhecemos que o corpo não é mau, que nossas emoções e sentimentos devem ser integrados, que somos pessoas com identidade e história, aptas a viver de forma plena por meio dele, que nos amou. A ressurreição de Cristo nos aponta o caminho para enfrentarmos os desafios que nos são impostos na vida, os conflitos, as dores, as mudanças. Somos lembrados de que, embora vivendo um capítulo da grande narrativa da redenção marcado por tantos conflitos que desafiam nossa esperança, podemos contar com a companhia do Jesus que vive. Ele nos sustenta dia a dia, mesmo em meio ao sofrimento. Não negamos o sofrimento, a dor, a morte, a angústia, as desigualdades, mas temos a certeza de que tais realidades são transitórias e que aquele que nos criou, salvou e sustenta jamais nos desamparará.

Quando vivemos sob a ótica do poder da ressurreição, não apenas somos transformados em nossa caminhada individual, mas também de forma coletiva, em nossa vida comunitária. Podemos expressar sinais de vida, de reconciliação e restauração, ainda que parcialmente, pois continuamos aguardando a cura completa. Como nos lembra Eugene Peterson:

> A comunidade cristã é um ajuntamento de pessoas em lugares específicos com a missão de praticar uma vida de ressurreição em um mundo no qual a morte tem as maiores manchetes e destaques: a morte das nações, a morte das civilizações, a morte do casamento, a morte das carreiras, obituários sem fim. A morte por guerra, assassinato, acidentes, fome, cadeira elétrica, injeção letal e enforcamento. A prática da ressurreição é um caminho intencional, uma decisão deliberada daqueles que creem e querem participar na vida ressurreta de Jesus, vida a partir da morte, vida que triunfou sobre a morte, vida que dá a Palavra final, a vida de Jesus. Não é uma ideia vaga, e sim um caminho de atos interconectados mesmo em meio à fragilidade e à humanidade, que mantém a credibilidade e a fidelidade como caminho de vida. Essa é a igreja de Jesus.[5]

* * *

Este trabalho foi apenas um recorte de uma ampla reflexão que, acredito, precisamos fazer, como pessoas e como comunidade, sobre aquilo que influencia nossas escolhas, nossos comportamentos, nossas decisões sobre como levamos a vida.

[5] PETERSON, *Practice Resurrection*, p. 12.

Ainda não viveremos em plenitude a integração pela qual ansiamos, mas a narrativa bíblica nos oferece um norte para enfrentar a situação de sofrimento.

Entendemos que Deus nos quer em comunidade, que ele nos criou de maneira singular como parte de um todo, e por isso temos a alegria e a responsabilidade de cuidarmos de sua criação e uns dos outros, reafirmando em tudo o que dizemos e fazemos o valor e a dignidade da vida.

Somos seres humanos encarnados, com corpos frágeis que servem, amam, sofrem, constroem, existem. Ainda necessitamos integrar plenamente aquilo em que cremos e a forma como vivemos, mas acredito ser possível dar pequenos passos nessa direção e vivermos em nossa humanidade como o Corpo de Cristo visível neste mundo, apontando para a realidade do reino de Deus.

O mundo é repleto de desafios, e quando nos lembramos de nossas fragilidades e da brevidade da vida podemos nos sentir enfraquecidos e desencorajados, incapazes de viver aquilo que Deus tem para nós. Façamos, então, esse exercício de memória acerca da narrativa a qual pertencemos, reconhecendo os marcos de cada estação da vida, de forma individual e comunitária, para darmos passos mesmo que aparentemente pequenos na direção do *shalom* desejado por Deus.

Cremos que, apesar de toda a maldade presente no mundo, o Corpo de Cristo se coloca como sal e luz no meio da sociedade, sinalizando a possibilidade de uma nova vida, de novas formas de nos relacionarmos, com Deus e uns com os outros. Buscamos, a exemplo de Jesus, sermos consistentes em nosso cuidado, hospitalidade e compaixão, caminhando com pessoas que, a exemplo de você e eu, estão em constante transformação. E essas transformações e mudanças não acontecem num passe de mágica, são processos que Deus realiza em nossa vida de forma individual e comunitária, ao longo do tempo e das circunstâncias. Sentamos ao lado uns dos outros em nossos sofrimentos, em nossas fragilidades, em nossos pecados. Celebramos as vitórias, alegramo-nos com o que Deus tem feito na vida de pessoas e em todo o mundo, tornando mais concreta a restauração, a reconciliação, a justiça e a paz que nos aguardam em plenitude na eternidade. Saúde é vinculação e pertencimento, e juntos, como Corpo de Cristo, agraciados com dons, talentos, características singulares, podemos ter uma visão e uma compreensão melhor daquilo que Deus desejou para nós em vida plena, com esperança.

Ao olharmos para a história humana, entendemos que viveremos grandes desafios, que existem setas inflamadas do inimigo que está interessado em nos desestabilizar e roubar de nós a alegria e a paz. Mas confiamos e descansamos no fato de que o sangue de Jesus nos lavou e de que nossa identidade está naquele que é o próprio amor, que tem planos de paz e restauração para toda a sua Criação. Em nossa existência como seres encarnados, mesmo diante de nossas contradições e limitações, descansamos na bondade e fidelidade de Deus.

A Palavra se fez carne e habitou entre nós. A redenção é uma dádiva desse Deus-Palavra que se encarnou em Jesus, que foi crucificado mas ressuscitou pelo poder do Espírito Santo. Sua presença constante e fiel nos ajuda a caminhar neste mundo com esperança, integridade, fé. Honramos a Deus ao cuidar de nosso corpo físico, ao cuidar do Corpo de Cristo em suas necessidades, ao fazer uso de nosso corpo de forma doadora, para a honra e a glória do nome de Deus.

Oração

Ó Deus,

Ajuda-nos a ver em nossos corpos e nos corpos de outras pessoas a manifestação carnal da tua divindade.

Tu escolheste ser e viver num corpo como o nosso, e todas as dores e alegrias dos corpos são sentidas pelo corpo de Cristo.

Ajuda-nos a sentir a beleza e a dignidade dos nossos corpos: as carícias das pessoas, dos animais, da natureza; o gosto bom da comida, o cheiro do capim, dos jasmins, do feijão; o som do vento das folhagens nas árvores, o barulho do mar, os regatos que tagarelam nas pedras, os berimbaus, os órgãos, os tambores, o riso; o corpo arrepiado ao vento frio; o gosto das jaboticabas, das uvas, das mangas; o azul do mar, o amarelo dos ipês, o verde dos paus-ferros, o vermelho das araras; e a capacidade para brincar, cozinhar, plantar, andar, gozar a preguiça da rede, na bênção do teu descanso, que nos ordena fazer nada e receber a graça da vida, o poder para amar....

Todas estas coisas são dádivas tuas através da dádiva do corpo. E nós te agradecemos este estranho, terrível, maravilhoso poder do corpo, poder que o torna espiritual e imagem do teu amor, poder para sentir misericórdia e compaixão, de sorte que as dores de outros corpos são sentidas como se fossem nossas.

Sofremos com os que sofrem e sabemos que, quando nós mesmos sofrermos, não estaremos sozinhos.

Por este corpo vivemos a fraternidade do amor. E queremos que tu nos enriqueças, libertando-nos dos limites estreitos da nossa pele, fazendo com que nosso corpo inche, para sentir as dores dos outros. E que assim — abertos à alegria e solidários no sofrimento, expressões de esperança e amor — nossos corpos sejam manifestações vivas do Corpo de Cristo, destino do Universo.

Amém.

(Rubem Alves, *Creio na ressurreição do corpo*, p. 56.)

Bibliografia

....

ALTEMEYER JR., Fernando; BOMBONATTO, Vera Ivanise. *Teologia e comunicação: Corpo, palavra e interfaces cibernéticas*. São Paulo: Paulinas, 2011.

ÁLVAREZ, Francisco. *Teologia da saúde*. São Paulo: Paulinas/Centro Universitário São Camilo, 2013.

ALVES, Rubem. *Creio na ressurreição do corpo: meditações*. 5ª edição. São Paulo: Paulus, 1984.

ANGERAMI-CAMON, Valdemar Augusto (org.). *Psicologia da saúde: Um novo significado para a prática clínica*. São Paulo: Pioneira, 2000.

AUGUSTINE, Daniela C. *Pentecost, Hospitality and Transfiguration. Toward a Spirit-inspired vision of social transformation*. Cleveland, TN: CPT Press, 2012.

BERRY, Wendell. *A Continuous Harmony: Essays Cultural and Agricultural*. Berkeley, CA: Counterpoint LLC, 2012.

_____. *Another Turn of the Crank*. Berkeley, CA: Counterpoint LCC, 1996.

_____. *The Art of the Commonplace: The Agrarian Essays of Wendell Berry*. Berkeley, CA: Counterpoint LCC, 2003.

_____. *What are people for?: Essays*. Berkeley, CA: Counterpoint LCC, 2010.

_____. *What I Stand On: The Collected Essays of Wendell Berry 1969–2017*. New York: Library of America, 2019.

BLUE, Ken. *Abuso espiritual: Como libertar-se das experiências negativas da igreja*. São Paulo: ABU Editora, 2000.

BOMILCAR, Karen; LIN, Davi Chang Ribeiro. "A microcefalia e a força da vida na fraqueza." Portal Ultimato, 8 de abril de 2016. <https://www.ultimato.com.br/conteudo/a-microcefalia-e-a-forca-da-vida-na-fraqueza>.

Bomilcar, Nelson (org.). *O melhor da espiritualidade brasileira*. São Paulo: Mundo Cristão, 2005.

_____. *Os sem-igreja: Buscando caminhos de esperança na experiência comunitária*. São Paulo: Mundo Cristão, 2012.

Bonhoeffer, Dietrich. *Vida em comunhão*. São Leopoldo, RS: Sinodal, 2009.

_____. *Prédicas e alocuções*. São Leopoldo, RS: Sinodal, 2007.

Brown, Brené. *A coragem de ser imperfeito: Como aceitar a própria vulnerabilidade, vencer a vergonha e ousar ser quem você é*. Rio de Janeiro: Sextante, 2013.

Brueggemann, Walter. *Reality, Grief, Hope: Three Urgent Prophetic Tasks*. Grand Rapids, MI: Eerdmans, 2014.

_____. *Sabbath as Resistance: Saying No to the Culture of Now*. Louisville, KY: Westminster John Knox Press, 2014.

César, Marilia de Camargo. *Feridos em nome de Deus*. São Paulo: Mundo Cristão, 2013.

Chase-Ziolek, Mary. *Health, Healing, and Wholeness: Engaging Congregations in Ministries of Health*. Cleveland, OH: Pilgrim Press, 2005.

Creamer, Deborah. *Disability and Christian Theology: Embodied Limits and Constructive Possibilities*. Oxford: Oxford University Press, 2009.

Costas, Orlando E. *Proclamar libertação: Uma teologia de evangelização contextual*. São Paulo: Garimpo, 2014.

Dasgupta, Subhasish. *Encyclopedia of Virtual Communities and Technologies*. Washington: Idea Group Reference, 2005.

Dawn, Marva J. *Being Well When We're Ill: Wholeness and Hope in Spite of Infirmity*. Minneapolis, MN: Augsburg Fortress, 2008.

_____. *Joy in Our Weakness: A Gift of Hope in the Book of Revelation*. Grand Rapids, MI. Eerdmans, 2002.

DeBorst, Ruth Padilla. "Songs of Hope out of a Crying Land: An Overview of Contemporary Latin American Theology." In Greenman, Jeffrey P.; Green, Gene L. (orgs.), *Global Theology in Evangelical Perspective: Exploring the Contextual Nature of Theology and Mission*. Downers Grove, IL: InterVarsity Press, 2012.

DEUEL, David C; JOHN, Nathan (orgs.). *Disability in Mission: The Church's Hidden Treasure.* Peabody, MA: Hendrickson, 2019.

DE MORI, Geraldo; BUARQUE, Virginia (orgs.). *Corpo-encarnação.* São Paulo: Loyola, 2016.

_____. *Escritas do crer no corpo: Em obras de língua portuguesa.* São Paulo: Loyola, 2018.

DE OLIVEIRA, Marco Davi. "A espiritualidade e a identidade negra." In BOMILCAR, Nelson (org.), *O melhor da espiritualidade brasileira.* São Paulo: Mundo Cristão, 2005, pp. 239-253.

_____. *A religião mais negra do Brasil: Por que os negros fazem opção pelo pentecostalismo?* Viçosa, MG: Ultimato, 2018.

EWELL, C. Rosalee Velloso. "Learning to See Jesus with the Eyes of the Spirit: The Unlikely Prophets of God's Reign." In GREEN, Gene L.; PARDUE, Stephen T.; YEO, K. K. (orgs.), *The Trinity among the Nations: The Doctrine of God in the Majority World.* Grand Rapids, MI: Eerdmans, 2014.

FARIA, Juliana Bernardes de; SEIDL, Eliane Maria Fleury. "Religiosidade e enfrentamento em contextos de saúde e doença: Revisão da literatura." *Psicologia: Reflexão e Crítica,* 2005, 18(3), p. 381-389. <https://www.scielo.br/pdf/prc/v18n3/a12v18n3.pdf>.

FOSTER, Richard. *The Spirit of Disciplines: Understanding How God Changes Lives.* New York: Harper & Row, 1990.

FRANCO, Maria Helena Pereira; POLIDO, Karina Kunieda. *Atendimento psicoterapêutico no luto.* Série Prática Clínica. 2010. São Paulo: Zagodoni, 2014.

GARBER, Steven. *The Fabric of Faithfulness: Weaving Together Beliefs and Behaviors During the University Years.* Downers Grove, IL: InterVarsity Press, 2007.

GAY, Craig M. *Modern Technology and the Human Future: A Christian Appraisal.* Downers Grove, IL: InterVarsity Press, 2018.

_____. *The Way of the (Modern) World: Or, Why it´s Tempting to Live As If God Doesn't Exist.* Grand Rapids, MI: Eerdmans, 1998.

GESCHÉ, Adolphe; SCOLAS, Paul (orgs). *O corpo, caminho de Deus.* São Paulo: Loyola, 2009.

GONZÁLEZ, Justo L. *Desafios do século XXI para o pensamento cristão: Esboços teológicos*. São Paulo: Hagnos, 2014.

GRÜN, Anselm. *A cruz: A imagem do ser humano redimido*. São Paulo: Paulus, 2009.

_____. *Cuidar de si e do outro*. Petrópolis, RJ: Vozes, 2019.

_____. *Ser uma pessoa inteira*, 3ª edição. Petrópolis, RJ: Vozes, 2016.

GRÜN, Anselm; DUFNER, Meinrad, *A saúde como tarefa espiritual*. Petrópolis, RJ: Vozes, 2008.

GRZYBOWSKI, Carlos (org). *Quando a dor se torna insuportável: Reflexões sobre por que as pessoas se suicidam*. São Leopoldo, RS. Sinodal, 2019.

HASTINGS, W. Ross. *Where Do Broken Hearts Go?: An Integrative, Participational Theology of Grief*. Eugene, OR: Wipf and Stock, 2016.

HALÍK, Tomáš. *Não sem esperança: O retorno da religião em tempos pós-otimistas*. Petrópolis, RJ: Vozes, 2018.

_____. *Toque as feridas: Sobre sofrimento, confiança e a arte da transformação*. Petrópolis, RJ: Vozes, 2016.

HAN, Byung-Chul. *Sociedade do cansaço*. Petrópolis, RJ: Vozes, 2015.

HANCOCK, Maxine; MAINS, Karen Burton. *Child Sexual Abuse: A Hope for Healing*. Wheaton, IL: Harold Shaw, 1987.

HAUWERWAS, Stanley. *A Community of Character: Toward a Constructive Christian Social Ethic*. Notre Dame, IN: University of Notre Dame Press, 1981.

_____. *Naming the Silences: God, Medicine and the Problem of Suffering*. Grand Rapids, MI: Eerdmans, 1990.

_____. "The Sanctified Body: Why Perfection Does Not Require a 'Self'." In POWELL, Samuel M.; LODAHL, Michael E. (orgs.). *Embodied Holiness: Toward a Corporate Theology of Spiritual Growth*. Downers Grove, IL: InterVarsity Press, 1999.

HOUSTON, James M. *A felicidade: Em busca de uma vida verdadeira e plena*. Brasília, DF: Palavra, 2009.

_____. *A oração: O caminho para quem busca a amizade com Deus*. Brasília, DF: Palavra, 2009.

_____. *O Criador: Vivendo bem no mundo de Deus*. Brasília, DF: Palavra, 2009.

_____. *O discípulo: O aprendizado de uma longa caminhada com o verdadeiro mestre.* Brasília, DF: Palavra, 2010.

Hui, Edwin C. *At the Beginning of Life: Dilemmas in Theological Bioethics.* Downers Grove, IL: InterVarsity Press, 2012

Johnson, Darrell W. *Fifty-Seven Words That Change The World: A Journey Through The Lord's Prayer.* Vancouver: Regent College Publishing, 2005.

Jones, Stanton L.; Butman, Richard E. *Modern Psychotherapies: A Comprehensive Christian Appraisal.* Downers Grove, IL: InterVarsity Press, 2011.

Jung, Carl Gustav. *Visions: Notes on the Seminars Given in 1930–1934.* Editado por C. Douglas. Princeton: Princeton University Press, 1998.

Keller, Timothy. *Caminhando com Deus em meio à dor e ao sofrimento.* São Paulo: Vida Nova, 2016.

_____. *On Death.* New York: Penguin, 2020.

Keller, Timothy; Alsdorf, Katherine Leary. *Como integrar fé e trabalho: Nossa profissão a serviço do reino de Deus.* São Paulo: Vida Nova, 2014.

Kivitz, Ed René. *Outra espiritualidade: Fé, graça e resistência.* São Paulo: Mundo Cristão, 2006.

_____. *Vivendo com propósitos: A resposta cristã para o sentido da vida.* São Paulo: Mundo Cristão, 2003.

Koenig, Harold G. *Espiritualidade no cuidado com o paciente: Por quê, como, quando e o quê.* São Paulo: FE, 2015.

_____. *Medicina, religião e saúde: O encontro da ciência e da espiritualidade.* Porto Alegre: L&PM, 2012.

_____. *Protestant Christianity and Mental Health: Beliefs, Research and Applications.* CreateSpace Independent Publishing Platform, 2017.

Kübler-Ross, Elizabeth. *Sobre a morte e o morrer: O que os doentes terminais têm para ensinar a médicos, enfermeiras, religiosos e aos seus próprios parentes.* São Paulo: WMF Martins Fontes, 2017.

Lago, Kennyston. *Fadiga por compaixão: O sofrimento dos profissionais em saúde.* Petrópolis, RJ: Vozes, 2010.

LE BRETON, David. *A sociologia do corpo*, 6ª edição. Petrópolis, RJ: Vozes, 2012.

LEWIS, C. S. *O problema do sofrimento*. São Paulo: Vida, 2006.

LISPECTOR, Clarice. *Entrevistas*. Rio de Janeiro: Rocco, 2007.

MARTINI, Antonio; MARTINS, Alexandre Andrade (orgs.). *Teologia e saúde: Compaixão e fé em meio à vulnerabilidade humana*. São Paulo: Paulinas, 2012.

MASON, Mike. *A prática da presença das pessoas: Como aprender a amar as pessoas*. Brasília, DF: Palavra, 2009.

MCINTYRE, Alasdair. *After Virtue: A Study in Moral Theory*, 3ª edição. Notre Dame, IN: University of Notre Dame Press, 2007.

MEIER, Augustine; O'CONNOR, Thomas St James; VANKATWYK, Peter (orgs.). *Spirituality and Health: Multidisciplinary Explorations*. Waterloo, Canada: Wilfred Laurier University Press, 2005.

MENDONÇA, José Tolentino. *A mística do instante: O tempo e a promessa*. São Paulo: Paulinas, 2016.

_____. *Um Deus que dança: Itinerários para a oração*. São Paulo: Paulinas, 2016.

_____. "Não sabeis que o vosso corpo é templo (1 Cor 6:19) — Equívocos e vantagens de uma metáfora paulina." In DE MORI, Geraldo; BUARQUE, Virginia (orgs.). *Corpo-encarnação*. São Paulo: Loyola, 2016.

MOLTMANN, Jürgen. *Vida, esperança e justiça*. São Bernardo do Campo, SP: Editeo, 2008.

MORELAND, J. P. *Christian Perspectives on Being Human: A Multidisciplinary Approach to Integration*. Grand Rapids, MI: Baker, 1993.

MOVIMENTO LAUSANNE. *O compromisso da Cidade do Cabo: Uma declaração de fé e um chamado para agir*. Curitiba/Viçosa, MG: Encontro/Ultimato, 2011.

NASCIMENTO, Analzira. *Evangelização ou colonização? O risco de fazer missão sem se importar com o outro*. Viçosa, MG: Ultimato, 2015.

NOUWEN, Henri J. M. *Diário: O último ano sabático de Henri M. Nouwen*. São Paulo: Loyola, 2003.

_____. *Clowning in Rome: Reflections on Solitude, Celibacy, Prayer, and Contemplation.* Garden City, NY: Image, 1979.

_____. *Oração: O que é, como se faz.* São Paulo, Loyola, 1999.

_____. *O caminho do coração: A espiritualidade dos Padres e Madres do deserto,* 3ª edição. Petrópolis, RJ: Vozes, 2014.

_____. *O sofrimento que cura.* São Paulo: Paulinas, 2008.

_____. *Transforma meu pranto em dança: Cinco passos para sobreviver à dor e redescobrir a felicidade.* Rio de Janeiro: Thomas Nelson Brasil, 2007.

_____. *Uma carta de consolação.* São Paulo, SP: Cultrix, 1982.

Oz, Amós; Oz-Salzberger, Fania. *Os judeus e as palavras.* São Paulo: Companhia das Letras, 2015.

Packer, J. I. *God's Plans for You.* Carol Stream, IL: Crossway, 2001.

_____. "Conversion as a Complex Experience." In Stott, J. R. W.; Coote, R (orgs.), *Down to Earth: Studies in Christianity and Culture.* Grand Rapids, MI: Eerdmans, 1981.

Pearcey, Nancy. *Love Thy Body: Answering Hard Questions About Life And Sexuality.* Grand Rapids, MI: Baker, 2018.

Peres, Julio Fernando Prieto; Simão; Manoel José Pereira; Nasello, Antonia Gladys. "Espiritualidade, religiosidade e psicoterapia." Arch. Clin. Psychiatry (São Paulo), 34 (supl. 1). <https://doi.org/10.1590/S0101-60832007000700017>. Acesso em 23 de junho de 2021.

Pessini, Leo. *Espiritualidade e a arte de cuidar: O sentido da fé para a saúde.* São Paulo: Paulinas/Centro Universitário São Camilo, 2010.

Peterson, Eugene H. *A oração que Deus ouve: Os salmos como guia básico da oração.* Brasília, DF: Palavra, 2007.

_____. *Practice Resurrection: A Conversation on Growing Up in Christ.* Grand Rapids, MI: Eerdmans, 2013

_____. *Transpondo muralhas: Espiritualidade para o dia-a-dia dos cris-tãos.* Rio de Janeiro: Habacuc, 2004.

_____. *Uma longa obediência na mesma direção.* São Paulo: Cultura Cristã, 2005.

Powell, Samuel M.; Lodahl, Michael E. (orgs.). *Embodied Holiness:*

Toward a Corporate Theology of Spiritual Growth. Downers Grove, IL: InterVarsity Press, 1999.

PRADO, Adélia. *Poesia reunida*. Rio de Janeiro: Record, 2015.

RICHARDSON, Ronald. *Creating a Healthier Church: Family Systems Theory, Leadership and Congregational Life*. Minneapolis, MN: Fortress Press, 1996.

RIEVAULX, Aelred of. *Spiritual Friendship*. Collegeville, MN: Liturgical Press, 2010.

ROLLINS, Wayne G. *Soul and Psyche: The Bible in Psychological Perspective*. Minneapolis, MN: Fortress Press, 1999.

SACKS, Jonathan. *To Heal a Fractured World: The Ethics of Responsibility*. New York: Schoken, 2005.

SHUMAN, Joel; VÖLCK, Brian. *Reclaiming the Body: Christians and the Faithful Use Of Modern Medicine*. Grand Rapids, MI: Brazos Press, 2006.

SINAY, Sergio. *A sociedade dos filhos órfãos: Quando pais e mães abandonam suas responsabilidades*. Rio de Janeiro: BestSeller, 2012.

SMITH, Gordon T. *Listening to God in Times of Choice: The Art of Discerning God's Will*. Downers Grove, IL: InterVarsity Press, 1997.

_____. *Transforming Conversion: Rethinking the Language and Contours of Christian Initiation*. Grand Rapids, MI: Baker, 2010.

SOUSA, Ricardo Barbosa de. *Pensamentos transformados, emoções redimidas*. Viçosa, MG: Ultimato, 2016.

STEVENS, R. Paul. *Disciplinas para um coração faminto: Servindo a Deus sete dias da semana*. São Paulo: Abba Press, 2009.

_____. *Down-to-Earth Spirituality: Encountering God in the Ordinary, Boring Stuff of Life*. Downers Grove, IL: InterVarsity Press, 2003.

STEVENS, R. Paul; BANKS, Robert. *The Complete Book of Everyday Christianity: A Comprehensive Guide to Following Christ in Every Aspect of Life*. Graceworks Private Limited, 2011.

STINTON, Diane B. *Jesus of Africa: Voices of Contemporary African Christology*. Ossining, NY: Orbis, 2004.

STOTT, John. *O discípulo radical*. Viçosa, MG: Ultimato, 2011.

SWINTON, John; PAYNE, Richard. *Living Well and Dying Faithfully:*

Christian Practices for End-Of-Life Care. Grand Rapids, MI: Eerdmans, 2009.

THOMAS, Gary. *Every Body Matters: Strengthening Your Body to Strengthen Your Soul*. Grand Rapids, MI: Zondervan, 2011.

TOURNIER, Paul. *É preciso saber envelhecer*. Viçosa, MG: Ultimato, 2014.

_____. *Os fortes e os fracos*. São Paulo: ABU, 1999.

VAN DER MEER, Antonia Leonora. *Missionários feridos: Como cuidar dos que servem*. Viçosa, MG: Ultimato, 2009.

VANIER, Jean. *Growth and Community*. New York: Paulist Press, 1989.

_____. *O corpo partido: Jornada para a totalidade*. São Paulo: Loyola, 1988.

YANCEY, Philip; BRAND, Paul. *A dádiva da dor: Por que sentimos dor e o que podemos fazer a respeito*. São Paulo: Mundo Cristão, 2005.

_____. *Fearfully and Wonderfully: The Marvel of Bearing God's Image*. Edição atualizada. Downers Grove, IL: InterVarsity Press, 2019.

YARHOUSE, Mark A.; BUTMAN, Richard E.; McRAY, Richard E. *Modern Psychopathologies: A Comprehensive Christian Appraisal*. Downers Grove, IL: InterVarsity Press, 2005.

WALTKE, Bruce K.; HOUSTON, James M.; MOORE, Erika. *Os salmos como lamento cristão: Um comentário histórico*. São Paulo: Shedd Publicações, 2018.

WILSON, Rod. *Counseling and Community: Using Church Relationships to Reinforce Counseling*. Dallas, TX: Word, 1995,

WILLIAMS, Sarah. *O desafio de uma escolha*. Rio de Janeiro: Habacuc, 2007.

_____. *The Shaming of the Strong: The Challenge of Unborn Life*. Vancouver: Regent College Publishing, 2007.

WONDRACEK, Karin; BRIGIDIO, Maria Aparecida; HERBES, Nilton; HEIMANN, Thomas (orgs.). *Perdão: Onde a saúde e a espiritualidade se encontram*. São Leopoldo, RS: Sinodal/EST, 2017.

Sobre a autora

....

Karen Bomilcar é graduada em Psicologia pela Universidade Mackenzie, com especialização em Psicologia Clínica Hospitalar pelo Hospital das Clínicas da Faculdade de Medicina da Universidade de São Paulo (HC-FMUSP). É mestre em Teologia e Estudos Interdisciplinares pelo Regent College, no Canadá. Integra o Young Leaders Generation (YLGen) e é mobilizadora da rede "Saúde para todas as nações", do Movimento Lausanne. Atualmente, reside em São Paulo, onde trabalha como psicóloga hospitalar na área de saúde pública e como psicóloga clínica, e leciona nas áreas de Aconselhamento, Espiritualidade Cristã e Saúde no Seminário Teológico Servo de Cristo e no Centro Cristão de Estudos.

Esta obra foi composta com tipografia Palatino